교사의 사회의식 변화: 2005~2014

Changes of the Consciousness of Korean Teachers
2005-2014

이 도서의 국립중앙도서관 출판예정도서목록(CIP)은 서지정보유통지원시스템 홈페이지(http://seoji.nl.go.kr)와 국가자료공동목록시스템(http://www.nl.go.kr/kolisnet)에서 이용하실 수 있습니다.(CIP제어번호: CIP2015013187)

경상대학교 사회과학연구원 사회과학연구총서 43

교사의 사회의식 변화
2005~2014

Changes of the Consciousness of Korean Teachers
2005~2014

정진상 지음

한울
아카데미

이 책은 경상대학교 사회과학연구원과 전국교직원노동조합 참교육 연구소가 교사의 사회의식을 파악하고 전교조 조직의 상태를 진단하기 위해 전교조 조합원과 일반교사를 대상으로 실시한 대규모 설문조사를 분석한 보고서이다. 전교조 창립 25주년을 맞아 실시된 이번 대규모 조사는 약 10년 만에 이루어졌다. 우리는 약 10년 전인 2005년에 조사한 결과를 『교사의 사회의식과 전교조』(한울, 2006)로 출간한 바 있다. 이 책은 그 후속편인 셈이다.

10여 년 전 노무현 정부의 신자유주의 교육정책이 이명박 정부와 박근혜 정부를 거치면서 강화되었고 전교조에 대한 박근혜 정부의 탄압에 대해 대응할 필요성이 긴박해졌다. 입시 교육의 폐해는 해가 갈수록 심해져 초중등 교육을 압박하고 있다. 이명박 정부에서 최고조에 달한 신자유주의 정책들이 모순을 노정하고 있다. 박근혜 정부는 한국사 교과서 국정 전환과 같은 퇴행적인 정책을 추진하는가 하면, 해직교사 조합원 자격 문제를 빌미로 전교조를 말살하려고 기도하고 있다. 전교조는 이러한 상황에 올바르게 대처해야 하는 절박한 상황에 있다. 이런 상황에서 교사와 전교조 조합원들의 의식에 어떤 변화가 있었는지를 파악하고, 이를 토대로 전교조의 올바른 활동 방향을 모색하는 데 기초 자료를 제공하고자 하는 것이 이번 조사의 기본적인 목표였다.

조사는 기획 단계부터 조사 분석에 이르기까지 경상대 사회과학연구원과 전교조 참교육연구소의 긴밀한 협력을 통해 이루어졌다. 2005년 조사 설문지를 토대로 낡은 것은 버리고 새로운 문항을 추가하는 방식으로 조사 설문지 문항을 작성하여 10년간의 의식 변화를 알아보는 한편, 현재 중요한 쟁점이 되고 있는 사항에 대한 의식을 파악하고자 했다. 조사 분석 단계에서는 2005년 경상대학교 사회과학연구원 조사와 함께 2009년에 실시한 노동사회연구소 조사(2009년 전국교직원노동조합 조직진단 보고서)의 원자료를 활용하여 비교 분석했다.

전교조 참교육연구소장 천보선 선생님은 전교조 법외노조 논란의 와중에서도 이번 조사의 필요성을 잘 알고 조사를 추진하는 데 결정적인 역할을 했을 뿐 아니라 현장 교사들의 상황을 잘 파악하고 있는 장점을 살려 설문 문항 작성에서도 중요한 역할을 했다. 전교조 정책실장 이현 선생님은 설문 문항 작성과 조사 결과 분석 회의를 통해 많은 도움을 주었다. 참교육연구소 오지연 선생님은 누구보다도 많은 노력과 시간을 쏟아 설문지 작성 회의, 표집 작업, 설문조사 작업, 온라인 설문조사, 코딩과 자료 입력 등 조사의 전 과정에서 핵심적인 역할을 맡았다. 경상대 사회학과 이은정 님은 조사결과를 표로 만들고 그래프를 그리는 일을 맡았다. 이와 같은 대규모 조사가 가능했던 것은 이러한 분들의 헌신적인 노력 덕분이었다. 이들에게 고마움을 전하고 출간의 기쁨을 함께 나누고 싶다.

이 책은 전교조 참교육연구소가 지원한 연구비로 수행되었으며 2014년도 경상대학교 연구년제 연구교수 과제로 집필되었다. 재정과 인력을 지원한 전교조 참교육연구소와 시간과 연구비를 보조해준 경상대학교에 감사한다. 그리고 이 책은 경상대 사회과학연구원이 수행한 한국연구재단 중점연구소 지원과제의 일환이기도 하다. 이 조사보고서를 단행본으로 출간하여 일반 독자들을 만나게 해준 도서출판 한울에 감사하며, 표와 그래프가 많아 편집에 어려움을 겪었을 편집부 조수임 님에게 특별히 감사드린다.

끝으로 이 책이 교사의 사회의식을 정확하게 파악하고 전교조의 바람직한 활동 방향을 모색하는 데 조금이라도 기여했으면 하는 바람이다.

2015년 5월

함취당에서 정진상

표 차례

그림 차례

서설

1. 조사연구의 배경

첫 번째 조사가 이루어진 2005년부터 약 10년간 한국 사회는 상당한 변화를 겪었다. 한국 자본주의는 1997년 IMF 외환 위기 이후 신자유주의적 세계화의 물결 속으로 급격하게 빨려 들어갔으며, 2008년에는 미국발 세계 금융 위기의 여파로 마이너스 성장을 기록하는 등 불황과 저성장 국면이 고착화되었다. 노무현 정부에 이어 2008년에는 이명박 정부, 2013년에는 박근혜 정부로 두 차례 정권교체가 있었다. 이러한 정치·경제의 변화는 교사의 의식 변화에 일정한 영향을 미쳤을 것으로 추정된다. 그뿐만 아니라 세 정부를 거치는 동안 입시 경쟁 교육과 교육관료 체제의 틀은 강고하게 유지된 채 신자유주의 교육정책이 심화되는 양상을 보였다. 이러한 교육정책의 변화는 전교조의 대응에 직접적인 영향을 미치고 교사들의 의식을 변화시켰을 것이다. 전교조에도 중요한 변화가 있었다. 1999년 합법화된 전교조는 조합원 수가 확대되어 약 10만 명에 육박했으나 2004년 이후 조합원 수가 지속적으로 감소하여 2014년 현재는 5만 명이 약간 넘는 수준이다. 전교조의 이러한 변화는 교사들의 의식이 변화된 것의 결과이기도 하지만 거꾸로 이러한 변화는 특히 전교조 조합원 교사의 의식에 영향을 미칠 것으로 보인다.

1) 정치·경제 정세의 변화

1960년대 이후 약 30년간 고도 경제성장을 구가해온 한국 자본주의는 1987년 6월 항쟁과 1997년 IMF 외환 위기를 거치면서 근본적인 변화를 겪었다. 6월 항쟁과 노동자대투쟁은 저임금과 저곡가에 기초한 초과 착취 체제에 결정적인 타격을 가해 자본의 구조조정을 강요했다. 한편 1989년 현실 사회주의권의 몰락으로 냉전 체제가 해체되면서 미국을 중심으로 한 단일한 세계 자본주의 체제가 새로운 국제 분업 질서를 강요했다. 한국 자본주의는 이러한 대내외적 환경 변화에 적절하게 대처하지 못한 채 IMF 외환 위기를 거치면서 신자유주의적 세계 체제 속으로 급속하게 편입되었다.

1970년대 중반 이후 세계 자본주의의 위기에 대한 대응으로 등장한 신자유주의적 자본주의 체제는 대외 개방, 규제 완화, 민영화 및 노동 유연화를 통해 자본의 이윤율을 회복하고자 했다. 하지만 자본의 이윤율 회복을 위한 이러한 조치들은 기본적으로 노동자계급의 희생에 기초한 것이기 때문에 궁극적으로 소비 시장을 위축시켜 자본의 이윤 실현

이 불가능하게 되는 부메랑으로 작용했다. 1990년대에 미국을 중심으로 한 신경제와 중국 경제의 부상으로 일시적으로 회복세를 보이던 세계 자본주의가 1990년대 말부터 더 큰 위기로 빠져든 것은 자본의 논리 그 자체의 귀결이라고 보아야 한다.

1997년 외환 위기 이후 한국 자본주의는 이러한 신자유주의적 세계 체제의 규정력 속에서 저성장 국면이 이어지고 있다. 지배 체제는 성장의 동력을 얻기 위해 자유무역협정(FTA)을 통한 재벌 중심의 수출 확대와 노동 유연화 정책을 계속 추진해왔다. 하지만 저성장 기조가 고착화되고 있는 가운데 재벌의 경제 지배력이 더욱 커진 반면 실업률이 증가하고 저임금 불안정 노동이 확대되었다. 이로 인해 노동 소득 분배율이 2010년 이후에는 50%대로 하락하고 대기업 중심의 기업 소득은 급증하여 사회의 양극화가 심화되었으며, 노동계급 내에서도 실업자와 빈곤층이 늘어난 가운데 비정규직 임금이 정규직의 50%에도 못 미치는 등 양극화가 심해졌다. 2008년 미국발 금융 위기 이후에는 이러한 저성장 국면의 장기화 속에서 사회 양극화와 노동계급 내부의 양극화가 더욱 심화되었다.

이러한 한국 자본주의의 전반적 경향 속에서 노무현 정부가 출범한 2003년부터 현재까지의 정부 정책의 변화를 살펴보자. 노무현 정부는 성장과 분배의 균형을 내세워 전교조와 민노총 등 노동계급의 기대 속에 출범했으나 신자유주의적 자본주의 질서에 급속하게 순응하는 행태를 보였다. 노무현 정부는 분배와 성장의 균형을 내세웠지만 실제로는 한미 FTA를 추진하는 등 대외 경제 개방을 확대하고 '동북아 중심국가론'과 '소득 2만 달러 시대'를 내세우는 등 신성장주의를 추구했다. 한편 개혁 이데올로기에 고무되어 농민의 수입 개방 저지 투쟁과 노동운동 등 신자유주의에 반대하는 민중 운동이 고조되었지만 노무현 정부는 이러한 운동을 끌어안기보다는 친자본적 입장에서 이를 억압함으로써 기대되었던 경제 개혁과는 거리가 멀어졌다.

'747 공약'으로 대표되는 성장 일변도의 정책을 내세우며 집권한 이명박 정부는 2008년 집권 초기 미국발 금융 위기의 여파로 국내총생산이 마이너스 성장을 기록하자, 법인세 감세와 규제완화 정책, 4대강 정비사업 등의 토건 사업, 부동산 경기 부양 정책, 공공 부문 및 의료 민영화 등을 통해 위기를 돌파하고자 했다. 하지만 이러한 단기적이고 인위적인 경기 부양 정책들은 침체된 경기를 회복하는 데 효과가 거의 없었을 뿐 아니라 민중의 희생을 강요한 것이었다. 그로 인해 기업의 구조조정과 정리 해고, 임금 삭감, 중소기업과 자영업자의 파산과 몰락, 물가 폭등과 가계 부채의 증가 등 민생의 고통이 가중되었다.

박근혜 정부는 온정적 복지주의와 준비된 대통령론을 내세우며 신자유주의 일변도의 이명박 정권과의 차별화를 통해, 경제 위기와 신자유주의로 생존의 위기에 몰린 중하층 계층을 일부 포섭하면서 집권했다. 이명박 정부의 실정에도 불구하고 보수 세력이 정권 재창출에 성공한 것은 박정희 정권에 대한 대중적 향수가 강하게 작용한 측면이 컸다. 이에 더해 이명박 정부의 신자유주의 정책에 대한 민중의 불안과 분노를 결집하지 못한 자유주의 세력의 무능과 진보 세력의 분열도 한몫했다. 하지만 집권 1년도 채 되지 않아 박근혜 정권이 내세운 복지, 경제민주화, 국민 대통합 등의 공약이 실은 선거 공학적인 슬로건이었음이 드러났다. 인위적인 경기 부양책에도 불구하고 경제 침체가 계속되어 복지 공약의 어려움이 가중되고, 국정원의 대통령 선거 개입을 둘러싼 논란으로 정치적 위기가 불거지자 박근혜 정부는 유화적인 태도를 배제하고 공안 탄압과 강권 통치로 본색을 드러낸 것이다. 이러한 국면에서 이번 조사가 실시되었다.

2) 교육 정세의 변화

한국 교육 정세의 지형을 규정하는 주요한 요인들에는 다음과 같은 몇 가지가 있다. 한국 교육을 옥죄고 있는 주범은 말할 것도 없이 입시 경쟁 교육이다. 중등교육은 물론이고 이제는 초등교육과 심지어 유치원 교육까지 대학 입시 경쟁과 취업 경쟁에 압도당하고 있는 것이 한국 교육의 가장 중요한 특징이자 고질병이다. 이로 인해 초중등교육은 대학 입시에 종속되어 본연의 역할을 제대로 하지 못하고 교사와 학생의 교수·학습은 소외되어 있다. 이러한 모순을 완화하기 위해 역대 정부가 추진해온 정책은 대학 입시 개선 정책이었다. 정권이 바뀔 때마다 예외 없이 대학 입시 개선 정책과 사교육비 경감 대책이 나왔지만 입시 경쟁과 사교육은 갈수록 심해져왔다. 그뿐만 아니라 수능시험, 수시 전형, 입학 사정관제 등 변화된 대학 입시 정책은 학부모의 경제력과 문화 자본에 더욱 심하게 좌우되어 교육이 계층 이동의 통로가 아니라 계급 재생산의 기제로 확고하게 자리 잡아왔다.

둘째로 일제강점기에 확립되어 그 근간이 유지되고 있는 교육 관료체제가 여전히 한국 교육 정세를 규정하는 중요한 요인으로 작동하고 있다. 역대 정부는 교육 관료 체제를 통해 국가의 교육 통제와 지배 이데올로기를 강요함으로써 교사, 학생, 학부모 등 교육 주체들과 끊임없이 갈등을 빚어왔다. 교육 관료 체제의 핵심 고리는 각급 학교 최일선의 교장 체제인데, 교사들에 대한 실질적인 인사권을 쥐고 있는 교장은 관리자나 조력자로 봉사하기보다는 지휘관이자 지배자로 군림한다. 이 때문에 교사는 교실의 학생들을 향하기보다는 교무실의 교장을 먼저 살펴야 하는 것이 현실이다. 교육 관료 체제는 전교조의 합법화와 일부 교장공모제의 도입으로 약간의 균열이 생긴 것이 사실이지만, 교원 평가와 성과급제 등 신자유주의 정책과 결합되면서 그 위력이 여전히 유지되고 있다.

셋째로 1995년 5·31 교육 개혁 이후 본격적으로 도입된 신자유주의 교육정책과 이데올로기는 갈수록 그 지배력이 커졌다. '세계화'와 '수요자 중심의 교육'이라는 수사를 동원하며 도입된 신자유주의 교육은 교육을 시장화하여 교육 공공성을 해체하는 효과를 발휘해왔다. 그것은 교육의 대외 개방을 통해 교육 공공성 담론에 타격을 가하는 한편, 교원 평가제를 통해 교사들에 대한 통제력을 강화하는 효과가 있다. 그뿐만 아니라 신자유주의 교육정책은 균열이 생긴 교육 관료 체제를 보완해 교사들을 통제하는 효과가 있다.

마지막으로 전교조에 대한 정부의 이데올로기 공세가 상수로 존재해왔다. 1989년 '참교육'을 기치로 법외노조로 출범한 전교조는 창립 초기부터 1,500여 명에 이르는 대규모 해직 사태 등 정부의 탄압을 받아왔다. 전교조는 1999년 김대중 정부의 노사 개혁의 일환으로 합법화되었으나 약 10년간의 합법화 투쟁 기간 동안에 각인된 과격한 이미지로 인해 대중 속으로 파고드는 데 어려움을 겪었다. 게다가 교육 관료 체제를 통한 교사 통제에 전교조가 가장 큰 걸림돌이라고 여긴 정부는 전교조의 그러한 과격한 이미지를 적극적으로 이용하여 이데올로기 공세를 펼쳐 전교조에 대한 다양한 형태의 탄압을 정당화하고자 했다. 이 때문에 정부의 전교조에 대한 탄압 정책과 이에 대한 전교조의 대응은 교육 정세에 중요한 변수로 작용해왔다.

이러한 몇 가지 요인을 고려하여 지난 10년간 교육 정세의 변화를 살펴보자. 2003년 전교조 조합원을 비롯한 교사들의 압도적인 지지를 받아 등장한 노무현 정부는 교육개혁에 상당한 기대감을 불러일으켰다. 노무현 정부는 출범 당시 학벌 타파와 사립학교법 개정 등 개혁 의제를 제시했으며 전교조도 합법화 이후 약 10만 명에 육박하는 조합원을 확보하는 등 급속하게 성장하여 교육개혁의 주체로 나설 만한 충분한 역량을 갖추고 있었다. 하지만 노무현 정부는 집권 초기 NEIS(교육 행정 정보 시스템)를 둘러싼 전교조와의 대립으로 개혁의 동력을 상실하면서 신자유주의 정책에 의존했다. 노무현 정부는 한미 FTA를 통해 교육 개방을 추진하는가 하면 교원 평가제를 도입함으로써 개혁의 주요한 동력으로 간주된 교사 대중의 저항을 자초했다. 이런 가운데에서도 전교조는 공교육 개편 운동, 대학 평준화 운동, 사립학교법 개정 운동 등 교육 개혁 운동을 대대적으로 전개했으나 정부의 정책 방향과 충돌함으로써 성과를 내기가 힘들었다.

이명박 정부는 5·31 교육 개혁에서 시작된 신자유주의 교육정책을 극단적으로 밀어붙였다. 이명박 정부는 자율형 사립고 확대, 일제 고사 등을 통해 입시 경쟁 교육과 교육 불평등 구조를 더욱 강화하고, 입학사정관제 등을 통한 대학 입시 자율화, 외국인 학교 영리법인화 등을 통한 학교의 시장화, 교원 평가와 성과급제를 통한 교원 통제 강화 등 신자유주의 정책을 전면화하는 한편, 역사 교과서 수정과 도덕 및 사회과 교육과정 개정을 추진하는 등 신보수주의 이데올로기를 한층 강화했다. 전교조에 대한 탄압도 노골적으로 전개했다. 뉴라이트 세력을 통한 이데올로기 공세를 펴는 한편, 일제 고사 반대와 시국 선언에 참여한 교사에 대한 무리한 징계를 감행하고 단체교섭을 무력화하는 시도를 통해 이른바 '전교조 죽이기'에 전면적으로 나섰다. 이러한 강도 높은 신자유주의 정책으로 교육 양극화가 심화되자, 교사들뿐 아니라 일반 국민들의 불만도 커졌다. 이는 2010년 지방선거에서 서울과 경기 등 6개 지역에서 진보적 성향의 교육감이 당선되는 결과로 나타났다. 진보적 성향의 교육감들은 '혁신학교'를 통해 학교 현장을 바꾸려는 시도를 하는 등 새로운 활력을 불러일으켰다.

박근혜 정부는 이명박 정부의 신자유주의 경쟁 교육 체제의 기본 골격을 유지하면서도 신자유주의 교육정책으로 인한 대중의 불만을 무마하려는 의도로 온정주의적 교육복지 정책을 내세웠다. 초등 돌봄학교 확대, 고교 무상교육, 학급당 학생 수 감축, 반값 대학 등록금 등이 대표적인 교육 복지 공약이었다. 하지만 이러한 공약은 예산 증액을 수반하기 때문에 조세 부담을 늘리지 않는 한 실행하기 어려운 것이어서 집권 후 1년도 지나지 않아 대부분 후퇴하거나 파기되었다. 그 대신 국정원 대선 개입 사태로 인한 정치적 위기를 맞아 박근혜 정부는 반동적 정책으로 선회했다. 박근혜 정부는 교학사 한국사 교과서 살리기에 나서고 전교조에 대한 이념 공세를 강화하는 한편, 전교조의 해직 교사 조합원 자격 부여를 빌미로 전교조의 법외노조화를 시도하여 본격적으로 전교조 죽이기에 나섰다. 이런 가운데 세월호 참사와 2014년 지방선거에서 진보적 성향의 교육감 13명이 대거 당선된 것은 교육계에 커다란 충격을 주었다. 게다가 정부의 전교조 법외노조 결정과 이에 대한 법원의 무효 판결 또한 상당한 반향을 일으켰다. 이번 조사는 이러한 격랑의 와중에 실시되었다.

2. 조사의 목적과 내용

이번 설문조사의 주요한 목적은 크게 두 가지였다. 하나는 지난 10년 동안 교사들의 사회의식이 어떻게 변했는지는 알아보는 것이고(제1부) 다른 하나는 전교조 조직의 상태를 진단하는 것이었다(제2부). 이를 위해 조사 대상을 세 집단으로 나누고 세 가지 종류의 설문지를 작성했다.

먼저 교사의 사회의식 변화에 관한 설문은 (1) 교육정책에 대한 의식, (2) 정치·사회의식, (3) 전교조에 대한 의식, (4) 교직 생활에 대한 의식으로 나누어 작성했으며, 분석할 때에는 일반 교사와 조합원을 구분했다. 교육정책에 대한 의식은 정부의 교육정책 전반에 대한 평가와 주요한 정책들에 대한 찬반을 질문했다(제1장). 정치·사회의식에 관해서는 주관적 정치 성향, 투표 행태와 지지 정당, 몇 가지 사회·경제정책에 대한 찬반 의견을 물었다(제2장). 다음으로 전교조에 대한 의식을 알아보기 위해 교원 노조의 필요성에 대한 의식, 전교조 활동 전반에 대한 평가, 전교조 교사에 대한 평가, 전교조 활동에 대한 관심도 등을 조사했다(제3장). 끝으로 교직 생활에 대한 의식은 임금, 직장 안정성, 사회적 지위에 대한 만족도와 학교의 민주적 운영과 학생 교육 활동에 대한 만족도를 조사했다(제4장). 약 10년 동안 교사의 의식 변화를 보기 위해 각 장의 주요한 쟁점 사항에 관해서는 2005년 조사 설문 문항과 동일한 문항을 포함시켜 변화의 추이를 분석했다.

다음으로 전교조 조합원의 의식과 활동은 일반 조합원과 활동가(전교조 직책을 맡은 조합원)로 구분하여 분석했다(제5장). 조합원의 의식과 활동을 구체적으로 파악하기 위해 전교조 가입의 시기와 계기, 전교조 활동 참여 영역과 정도, 전교조 분회와 지회의 활동 상황, 전교조 직책 수행 의향 등을 질문했으며, 그 밖에 법외노조 문제, 혁신학교, 교원노조법 개정 전망 등에 관해 물어보았다.

끝으로 전교조 활동가와 조직 발전 방향에 관해서는 활동가들이 전교조 직책을 수행하면서 느끼는 개인적인 느낌과 전교조 발전에 대해 가지고 있는 생각을 물어보았다(제6장). 전자에는 직책을 맡게 된 계기, 활동가로서 느끼는 심정, 조직 활동의 애로 사항 등이 포함되었으며, 후자에는 지회 활성화를 위한 사업, 향후 5년간의 중점 사업, 몇 가지 조직체계 개편 방향 등에 관한 질문이 포함되었다.

3. 조사 과정

1) 모집단과 표본

세 가지 종류의 설문조사의 대상이 된 모집단은 일반 교사, 전교조 조

<표 1> 모집단, 표집 방법, 표본 크기, 유효 표본 수, 표본 오차 요약

조사 대상	항목	내용
일반 교사	모집단	초등, 중등 교원 전체(조합원 제외) (약 38만 4,800명)
	표집 방법	지역별, 학교 급별 층화, 학교별 할당, 무작위 추출
	표본 크기	1,560명(초등 33개교 495명, 중학교 30개교 450명, 고등학교 41개교 615명)
	유효 표본 수	629부(유효 응답률: 40.1%)
	표본 오차	95% 신뢰도 수준에 오차범위 ± 3.9%
조합원	모집단	초등, 중등 조합원 전체(약 5만 4,000명)
	표집 방법	지역별, 학교 급별 층화, 학교별 할당, 무작위 추출
	표본 크기	1,040명(총 104개 학교)
	유효 표본 수	505부(유효 응답률: 48.5%)
	표본 오차	95% 신뢰도 수준에 오차범위 ± 4.3%
활동가	모집단	전교조 지회 이상 활동가 전체(863명)
	표집 방법	전수 조사
	유효 표본 수	358부(유효 응답률: 41.4%)

합원, 전교조 활동가 세 집단으로 나뉜다. 따라서 모집단을 일반 교사 (비조합원), 전교조 조합원 및 전교조 활동가로 구분하여 표본을 추출했다. 조합원과 일반 교사의 표본은 두 모집단 각각에 대해 층화집락 표집 방법과 무작위 표집 방법을 사용하여 추출했으며 활동가는 전수를 조사했다.

일반 교사, 조합원 및 전교조 활동가 각각의 모집단, 표집 방법, 표본 크기, 유효 표본 수, 표본 오차는 <표 1>과 같다.

<표 2> 표본 설계 및 모집단 대표성

		조합원 모집단		조합원 표본		일반 교사 표본		활동가 표본	
		사례 수	비율(%)	사례 수	비율(%)	사례 수	비율(%)	사례 수	비율(%)
전체		53,208	100.0	505	100.0	629	100.0	359	100.0
성별	남성	17,981	33.8	195	38.6	240	38.2	234	65.7
	여성	35,214	66.2	310	61.4	388	61.8	122	34.3
연령별*	20대	985	2.5	32	6.3	117	18.7	17	4.8
	30대	11,710	29.4	151	30.0	206	33.0	101	28.3
	40대	17,630	44.3	197	39.1	171	27.4	178	49.9
	50대 이상	9,473	23.8	124	24.6	131	21.0	61	17.1
학교 급별	유치원	1,246	2.4	2	0.4	2	0.3	3	0.8
	초등	17,594	33.6	127	25.1	138	22.0	144	40.0
	중학교	15,330	29.3	143	28.3	202	32.2	101	28.1
	고등학교	18,202	34.8	233	46.1	286	45.5	112	31.1
설립별	국공립	27,224	81.2	455	90.1	569	90.7	304	84.7
	사립	6,308	18.8	50	9.9	58	9.3	55	15.3
지역별	서울	7,542	14.5	85	16.9	75	12.0	45	12.6
	경기·인천	9,882	18.9	90	17.9	140	22.3	59	16.5
	강원·충청	7,439	14.3	68	13.5	153	24.4	58	16.2
	호남·제주	13,176	25.3	108	21.4	97	15.5	76	21.2
	영남	14,142	27.1	153	30.4	162	25.8	120	33.5

* 연령 통계가 있는 경우에만 포함된 수치임.

2) 모집단 대표성과 응답자 분포

〈표 2〉는 조합원, 일반 교사, 활동가 세 집단의 표본 설계와 모집단 대표성을 나타낸 것이다. 먼저 조합원의 모집단은 현재 전교조 전체 조합원 5만 3,208명이며 유효 표본은 505개였다. 일반 교사의 모집단은

전체 교사 가운데 조합원을 뺀 38만 4,800명이며 유효 표본은 629개였다. 활동가는 전수 조사였기 때문에 표본 대표성에 문제가 없다. 세 집단의 응답자 분포를 구체적으로 살펴보면 다음과 같다.

(1) 일반 교사

교원 의식 조사의 유효 설문지 가운데 일반 교사는 모두 629부였다. 먼저 응답자의 인구학적 특성을 보면, 성별로는 여성(61.8%)이 남성(38.2%)보다 약간 많지만, 이 비율은 현재 전국 교사의 성비와 근사하다. 연령별로는 각 연령대에서 비교적 고른 분포를 보인다. 학교 급별로는 유치원이 0.3%, 초등학교가 22.0%, 중학교가 32.2%, 고등학교가 45.5%로 고등학교가 다소 과다 대표되어 있다. 설립별로는 국공립이 90.7%, 사립이 9.3%로 국공립이 과다 대표되어 있다. 이는 설문지 배포가 전교조 대의원이 있는 학교에 한정되었기 때문에 불가피한 현상이다. 지역별로는 강원, 충청 지역이 다소 과다 대표되어 있다.

(2) 조합원

조합원 의식 조사의 유효 설문지는 모두 505부였다. 응답자의 인구학적 특성을 보면, 성별로는 여성(61.4%)이 남성(38.6%)보다 많지만 이는 모집단을 대체로 반영하고 있다. 연령별로는 20대가 6.3%로 적은 편이지만 모집단 2.5%보다는 많다. 20대 조합원이 상대적으로 적은 것을 알 수 있다. 학교 급별로는 유치원이 0.4%, 초등학교가 25.1%, 중학교가 28.3%, 고등학교가 46.1%로 고등학교가 다소 과다 대표되어 있다. 설립별 역시 국공립이 다소 과다 대표되어 있다. 지역별 분포는 모집단과 근사하다.

(3) 활동가

전수조사로 실시된 활동가 의식 조사에서 응답한 설문지는 모두 430
부였는데, 이 중 기초조사에 응답하지 않는 설문지를 제외한 유효 설문
지는 358부였다(기초조사에 응답하지 않은 설문지는 조합원 의식 조사에서는
'활동가'로 포함시켜 분석했다). 응답자의 인구학적 특성을 보면, 성별로는
남성(65.7%)이 여성(34.3%)보다 많아 조합원보다 남성이 많다. 연령별
로는 40대가 49.9%로 약 절반을 차지하고 있다. 학교 급별로는 초등학
교가 40.0%로 활동가의 주력을 이루고 있다. 설립별, 지역별 분포는 조
합원 모집단과 유사한 분포를 보이고 있다.

(4) 2005-2009-2014년 조사의 표본

약 10년간 의식 변화의 추이를 살펴보기 위해 2005년 경상대 사회과
학연구원 조사 및 2009년 한국노동사회연구소 조사와 중복된 항목들에
대해 비교 분석했다. 앞 선 두 조사의 SPSS 원자료를 가공하여 통계학
적 유의성을 검증했다. 참고로 세 조사의 표본 크기는 〈표 3〉과 같다.

〈표 3〉 2005년, 2009년, 2014년 조사의 표본 크기

	2005년	2009년	2014년
전체	1,326	1,427	1,564
일반 교사	544	536	629
조합원	529	371	505
활동가	253	520	358

3) 조사 기간 및 방법

이 조사는 세 가지 설문지로 실시되었다. 우선 2014년 5월부터 설문지 초안을 만들었고, 이를 참교육연구소 및 전교조 정책실과 회의를 통해 보완하여 완성했다. 일반 교사와 조합원에 대한 조사는 지역별, 급별로 할당하여 전교조 대의원이 있는 조합원의 재직 학교 교사와 조합원을 대상으로 무작위로 표본을 추출했다. 조사 시기는 2014년 10월 17일~10월 31일이며, 직접 자기 기입 방식을 사용해 설문지 조사를 했다. 설문지 배포는 전교조 분회 조직을 활용해 표집된 104개 학교의 분회장에게 두 가지 설문지를 우송하고 설문지 기입이 끝나면 설문지를 수합해 반송하는 과정을 거쳤다. 활동가 조사는 10월 23일~10월 31일, 지회 집행부 이상 간부에게 문자와 이메일을 보내고 Surveymonkey 인터넷 사이트를 이용하여 온라인 조사를 실시했다.

4) 조사 결과의 통계 처리

조사 결과 회수된 설문지는 교사 유효 설문지 629부, 조합원 유효 설문지 505부, 지회 이상 활동가 유효 설문지 358부였다. 이 유효 설문지를 분석 대상으로 전산 처리했다. 우선 최종 분석 대상이 된 설문지를 분류, 부호화 및 데이터 입력, 오류 수정의 과정을 거쳐 각 변수의 구분 (일반 교사, 조합원, 활동가) 빈도와 백분율을 살펴보았으며, 연령, 성별, 학교 급별, 지역별, 전교조 가입 시기별 등 배경 변수와 각 변수들 간의 관계를 교차분석을 통해 분석했다.

통계분석은 SPSS 프로그램을 사용했다. 통계치의 유의성 검증은 명목 변수 설문에 대해서는 카이 제곱을 사용했고, 서열형 설문에 대해서는 독립 표본 T 검증(t-test) 또는 분산분석(ANOVA)를 사용했다. 유의 수준은 95%로 하여 유의한 경우에는 p<0.05로 표에 명시했으며, 교차분석에서 유의하지 않는 결과가 나온 경우는 표에서 제외했다. 서열형 설문은 가장 부정적인 응답을 1점으로 하고 보통을 3점, 가장 긍정적인 응답을 5점으로 하여 평균 점수를 비교하는 방법을 사용했다. 평균 점수가 3점 이상이면 긍정적이고 3점 이하이면 부정적임을 나타낸다. 그리고 표보다는 그래프가 시각적으로 효과가 크다고 생각되는 경우에는 표는 생략하고 그래프로 대체했다.

제1부
교사의 사회의식

제1장

교육정책에 관한 의식

1. 정부 교육정책에 대한 전반적 평가

박근혜 정부의 교육정책에 대한 교사들의 전반적 평가는 매우 부정적인 것으로 나타났다. 〈표 1-1〉은 "지난 1년여간 박근혜 정부의 교육정책 전반에 대해 어떻게 평가하십니까?"라는 질문에 대한 응답을 나타낸 것이다. 전체 응답자 가운데 '잘못한다'가 33.7%, '매우 잘못한다'가 33.7%로 67.4%가 부정적으로 평가한 데 비해 '잘한다'와 '매우 잘한다'는 각각 1.9%와 0.2%로 긍정적인 평가는 2.1%에 그쳤다. 이를 5점 척도로 평균값을 내면 일반 교사의 경우는 2.24점, 전교조 조합원의 경우는 1.55점으로 보통의 3점에 한참 못 미친다. 조합원이 일반 교사보다 부정적인 평가가 상당히 높게 나타났으며, 연령별로는 30대와 40대, 학교 급별로는 초등학교에서 부정적인 평가가 더 크지만 워낙 부정적인

<표 1-1> 박근혜 정부의 교육정책에 대한 전반적 평가

		평균*	표준 편차	매우 잘못한다	잘못한다	그저 그렇다	잘한다	매우 잘한다	유효 사례 수
구분**	일반 교사	2.24	0.848	22.7%	34.7%	39.2%	3.2%	0.3%	600
	조합원	1.55	0.698	56.3%	32.6%	10.7%	0.4%		485
연령**	20대	2.13	0.761	22.5%	43.0%	33.8%	0.7%		142
	30대	1.89	0.813	37.8%	37.0%	24.3%	0.6%	0.3%	341
	40대	1.85	0.823	41.9%	31.9%	25.6%	0.6%		351
	50대 이상	1.98	0.973	41.1%	26.0%	26.8%	5.7%	0.4%	246
급별**	초등학교	1.80	0.833	45.9%	28.2%	25.5%	0.4%		255
	중학교	2.00	0.855	34.2%	34.5%	28.9%	2.5%		325
	고등학교	1.95	0.862	35.9%	36.1%	25.3%	2.4%	0.4%	502
전체		1.93	0.856	37.7%	33.7%	26.5%	1.9%	0.2%	1,084

* '매우 잘못한다' 1점, '매우 잘한다' 5점으로 환산한 값임.
** $p < 0.05$

평가가 압도적이어서 그 차이가 크지는 않다. 한마디로 박근혜 정부의 교육정책은 전교조 조합원뿐만 아니라 가장 중요한 교육 주체인 교사들 전체로부터 극단적으로 부정적인 평가를 받고 있다.

2005년 조사에서 노무현 정부의 교육정책에 대한 평가도 대체로 부정적으로 나타났는데, 2014년 박근혜 정부의 교육정책에 대한 평가는 노무현 정부의 교육정책에 대한 평가보다 더 부정적이다. 노무현 정부와 박근혜 정부의 교육정책에 대한 전반적인 평가를 5점 척도로 비교해 보면 〈그림 1-1〉과 같다.

일반 교사의 경우 2005년 2.31점에서 2014년에는 2.24점으로 약간 낮아졌고, 조합원의 경우는 2005년에는 2.34점이던 것이 2014년에는

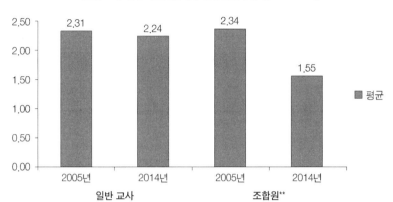

〈그림 1-1〉 정부의 교육정책에 대한 전반적 평가(2005-2014)

* '매우 잘못한다' 1점, '매우 잘한다' 5점으로 환산한 값임.
** $p < 0.05$

1.55점으로 크게 낮아졌다. 조합원의 경우가 일반 교사보다 박근혜 정부의 교육정책에 대한 평가가 현저히 낮아진 것이다. 이처럼 전교조 조합원의 부정적인 평가가 노무현 정부 때에는 일반 교사보다 다소 낮았으나 박근혜 정부에서 현저히 높게 나타난 것은 박근혜 정부의 여러 교육정책들에 대한 반감도 작용한 것이지만 거기에 더해 박근혜 정부의 전교조 죽이기에 대한 조합원들의 정서도 일정 부분 반영된 것으로 보인다. 연령별, 성별, 급별, 지역별 교차분석에서는 유의미한 차이가 나타나지 않았다.

2. 추진 중인 여러 교육정책에 대한 견해

우선 노무현 정부 때 시작되어 계속되어온 신자유주의 정책들에 대한
교사의 의식 변화를 살펴보자.

1) 자립형·자율형 사립고 유지 확대

자립형 사립고는 과학고나 외국어고와 마찬가지로 '평준화 보완'이라
는 명분으로 노무현 정부 때 시범 도입되어 이명박 정부를 거치면서 확
대됨으로써 자립형 사립고나 특목고가 아닌 보통의 고등학교에 '일반고'
라는 명칭이 사용될 정도로 고교평준화 체제를 위협하고 있다. 자립형·
자율형 사립고 유지 정책에 대해 찬성이 8.4%, 반대가 80.2%로 반대 의
견이 압도적으로 많았다(〈표 1-2〉). 일반 교사보다는 조합원의 반대율이

〈표 1-2〉 자립형·자율형 사립고 유지 및 확대

(단위: %)

		찬성	반대	잘 모름	전체(유효 사례 수)
구분**	일반 교사	13.2	72.0	14.8	100.0(614)
	조합원	2.4	90.4	7.1	100.0(492)
연령**	20대	18.2	60.8	21.0	100.0(143)
	30대	9.4	79.2	11.4	100.0(351)
	40대	5.5	85.6	8.8	100.0(362)
	50대 이상	5.7	84.5	9.8	100.0(245)
전체		8.4	80.2	11.4	100.0(1,101)

** p〈0.05

〈그림 1-2〉 자립형·자율형 사립고 유지 및 확대(2005-2014)

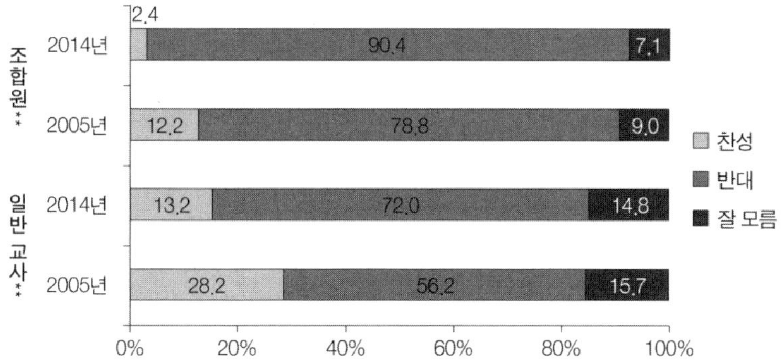

** p〈0.05

높았고, 연령별로는 높은 연령층의 반대율이 더 높게 나타났다.

2005년 조사와 비교해보면 일반 교사의 경우 반대가 2005년에는 56.2%였으나 2014년에는 72.0%로, 조합원의 경우 반대가 78.8%에서 90.4%로 크게 증가했다(〈그림 1-2〉). 자립형·자율형 사립고는 처음부터 반대를 무릅쓰고 도입된 데다가 그 수가 늘어나자 이른바 일반고에 미치는 파장이 커지면서 반대 의견이 급증한 것으로 해석할 수 있다.

2) 외국인 교육기관 확대 및 영리 활동 허용

한미 FTA 협상과정에서 논의되기 시작하여 법제화된 외국인 교육기관 설립과 영리 활동 허용에 대해서도 찬성은 3.7%에 불과한 반면, 반대가 82.0%로 압도적이다(〈표 1-3〉).

2005년 조사와 비교해보면 일반 교사의 경우 반대가 2005년에는

〈표 1-3〉 외국인 교육기관 확대 및 영리 활동 허용

(단위: %)

		찬성	반대	잘 모름	전체(유효 사례 수)
구분**	일반 교사	5.7	74.8	19.4	100.0(612)
	조합원	1.2	91.0	7.8	100.0(489)
연령**	20대	7.0	71.1	21.8	100.0(142)
	30대	2.6	79.9	17.5	100.0(349)
	40대	3.9	86.1	10.0	100.0(360)
	50대 이상	3.3	85.7	11.0	100.0(245)
성별**	남	4.4	77.8	17.8	100.0(428)
	여	3.3	84.7	12.1	100.0(672)
급별**	초등학교	0.8	87.2	12.0	100.0(258)
	중학교	6.0	79.2	14.8	100.0(331)
	고등학교	3.7	81.1	15.2	100.0(507)
전체		3.7	82.0	14.3	100.0(1,101)

** p〈0.05

〈그림 1-3〉 외국인 교육기관 확대 및 영리 활동 허용(2005-2014)

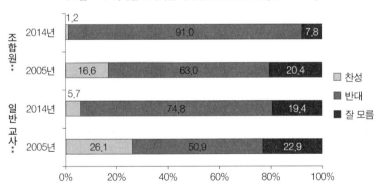

** p〈0.05

50.9%였으나 2014년에는 74.8%로, 조합원의 경우 반대가 63.0%에서 91.4%로 급증했다(〈그림 1-3〉). 교육 개방 정책에 대해서 처음에는 그 내용이 잘 알려지지 않아서 반대가 압도적이지는 않았으나 그 실상이 알려지면서 반대가 급증한 것이라고 볼 수 있다.

3) 교원 평가·교원 성과급 확대

교원 평가 정책은 2005년부터 본격적인 쟁점이 되기 시작하여 정부와 전교조의 갈등이 가장 큰 제도 가운데 하나이다. 그 과정에서 몇 차례 수정을 거쳐 교원 평가와 성과급이 실시되었다. 교원 평가·교원 성과급 확대에 대해서는 찬성이 5.7%, 반대가 88.1%로 반대가 압도적이다(〈표 1-4〉). 일반 교사보다 조합원의 반대가 높고, 연령별로는 높은 연령일수록 반대율이 더 높게 나타났다.

〈표 1-4〉 교원 평가·교원 성과급 확대

(단위: %)

구분		찬성	반대	잘 모름	전체(유효 사례 수)
구분**	일반 교사	9.6	80.9	9.6	100.0(617)
	조합원	0.8	97.2	2.0	100.0(492)
연령**	20대	19.6	62.9	17.5	100.0(143)
	30대	7.1	86.1	6.8	100.0(352)
	40대	1.1	95.0	3.9	100.0(362)
	50대 이상	2.0	95.5	2.4	100.0(247)
전체		5.7	88.1	6.2	100.0(1,109)

** $p < 0.05$

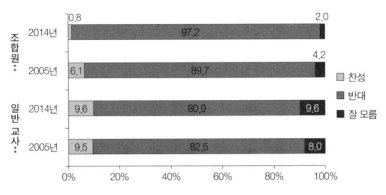

〈그림 1-4〉 교원 평가·교원 성과급 확대(2005-2014)

조합원**
- 2014년: 0.8 / 97.2 / 2.0
- 2005년: 6.1 / 89.7 / 4.2

일반교사**
- 2014년: 9.6 / 80.9 / 9.6
- 2005년: 9.5 / 82.5 / 8.0

범례: 찬성 / 반대 / 잘 모름

0% 20% 40% 60% 80% 100%

** p〈0.05

2005년 조사와 비교해보면 일반 교사의 경우 반대가 2005년에는 82.5%였으나 2014년에는 80.9%로 통계적으로 유의미한 차이가 없었고, 조합원의 경우 반대가 89.7%에서 97.2%로 증가한 것으로 나타났다(〈그림 1-4〉). 반대 비율이 어떤 사안보다 가장 높은 것은 교원 평가와 성과급제에 대한 교사들의 반감을 반영하고 있다.

4) 자유학기제

다음으로 박근혜 정부에서 도입되거나 시도되고 있는 몇 가지 교육정책에 대한 교사들의 의식을 살펴보자.

우선 자유학기제에 대해서는 찬성이 28.1%, 반대가 43.3%로 반대가더 많지만 찬반 차이가 다른 정책들에 대한 찬반보다 그리 크지 않다(〈표 1-5〉).

<표 1-5> 자유학기제

(단위: %)

		찬성	반대	잘 모름	전체(유효 사례 수)
구분**	일반 교사	30.1	41.6	28.3	100.0(611)
	조합원	25.6	45.5	28.9	100.0(481)
연령**	20대	36.6	31.7	31.7	100.0(142)
	30대	27.8	38.8	33.3	100.0(345)
	40대	25.6	50.7	23.7	100.0(359)
	50대 이상	26.9	45.5	27.7	100.0(242)
성별**	남	34.8	40.5	24.6	100.0(422)
	여	23.8	45.1	31.1	100.0(669)
급별**	초등학교	23.7	37.0	39.3	100.0(257)
	중학교	32.8	47.3	19.9	100.0(332)
	고등학교	27.3	44.2	28.5	100.0(498)
전체		28.1	43.3	28.6	100.0(1,092)

** p〈0.05

조합원보다 일반 교사의 찬성률이 높고, 연령별로는 20대가, 성별로는 남성이, 학교 급별로는 중학교의 찬성률이 상대적으로 높다.

5) 고교 문·이과 통합

고교 문·이과 통합에 관해서는 찬성이 29.5%, 반대가 47.0%로 반대 비율이 높지만 그 차이는 다른 정책들에 비해 크지 않다. 학교 급별로 고등학교의 찬성률이 35.8%로 반대율보다는 낮지만 중학교나 초등학교에 비해 상대적으로 높은 점이 돋보인다(〈표 1-6〉).

<표 1-6> 고교 문·이과 통합

(단위: %)

구분		찬성	반대	잘 모름	전체(유효 사례 수)
구분	일반 교사	32.2	46.2	21.6	100.0(615)
	조합원	26.9	48.1	25.0	100.0(484)
연령**	20대	29.2	45.8	25.0	100.0(144)
	30대	25.2	50.1	24.6	100.0(349)
	40대	32.8	41.5	25.8	100.0(357)
	50대 이상	32.4	51.6	16.0	100.0(244)
성별**	남	34.4	47.1	18.6	100.0(425)
	여	27.0	47.0	26.0	100.0(673)
급별**	초등학교	23.0	43.6	33.5	100.0(257)
	중학교	26.1	48.9	24.9	100.0(329)
	고등학교	35.8	47.6	16.5	100.0(508)
전체		29.8	47.0	23.1	100.0(1,099)

** $p < 0.05$

6) 한국사 교과서 등 국정교과서 전환

한국사 교과서 등 국정교과서 전환에 대해서는 찬성이 24.2%, 반대가 62.2%로 반대 비율이 훨씬 높다(<표 1-7>). 국정교과서를 통한 정부의 이데올로기 통제에 대한 교사들의 우려가 큰 것을 알 수 있다. 일반 교사보다 조합원이, 연령이 높을수록 반대 비율이 더 높게 나타났다.

〈표 1-7〉 한국사 교과서 등 국정교과서 전환

〈표 1-7〉 한국사 교과서 등 국정교과서 전환

(단위: %)

		찬성	반대	잘 모름	전체(유효 사례 수)
구분**	일반 교사	35.3	46.0	18.7	100.0(615)
	조합원	10.2	82.4	7.3	100.0(490)
연령**	20대	34.8	43.3	22.0	100.0(141)
	30대	26.9	59.3	13.8	100.0(349)
	40대	19.1	68.8	12.2	100.0(362)
	50대 이상	21.0	67.7	11.3	100.0(248)
전체		24.2	62.2	13.7	100.0(1,105)

** $p < 0.05$

7) 시간제 교사

시간제 교사에 관해서는 반대 비율이 85.8%로 압도적이다(〈표 1-8〉).

〈표 1-8〉 시간제 교사

(단위: %)

		찬성	반대	잘 모름	전체(유효 사례 수)
구분**	일반 교사	6.5	80.8	12.8	100.0(619)
	조합원	3.2	92.1	4.7	100.0(493)
연령**	20대	5.6	80.4	14.0	100.0(143)
	30대	6.0	84.9	9.1	100.0(352)
	40대	6.3	85.7	8.0	100.0(363)
	50대 이상	1.6	90.0	8.4	100.0(249)
급별**	초등학교	1.1	93.9	5.0	100.0(262)
	중학교	7.8	80.2	12.0	100.0(334)
	고등학교	5.3	85.3	9.4	100.0(511)
전체		5.0	85.8	9.2	100.0(1,112)

** $p < 0.05$

이는 교사들이 비정규직 교사의 확대로 정부의 분할 통제에 대해 크게 우려하고 있음을 보여주는 것이라고 볼 수 있다. 높은 연령층과 초등학교의 반대 비율이 상대적으로 더 높지만 워낙 반대 비율이 압도적이어서 그 차이는 큰 의미가 없어 보인다.

8) 유아·초등 수업 시간 확대

유아 초등 수업 시간 확대에 대해서는 찬성이 5.5%, 반대가 84.0%로 반대가 압도적이다(〈표 1-9〉). 학교 급별로는 예상한 대로 직접적인 당사자들인 초등학교의 반대율이 더 높게 나타났다.

〈표 1-9〉 유아, 초등 수업 시간 확대

(단위: %)

		찬성	반대	잘 모름	전체(유효 사례 수)
구분**	일반 교사	8.5	77.3	14.2	100.0(613)
	조합원	1.8	92.4	5.7	100.0(489)
연령**	20대	11.9	69.2	18.9	100.0(143)
	30대	6.9	82.2	10.9	100.0(348)
	40대	2.8	91.1	6.1	100.0(359)
	50대 이상	3.2	85.8	10.9	100.0(247)
성별**	남	8.2	79.6	12.2	100.0(426)
	여	3.7	87.0	9.3	100.0(675)
급별**	초등학교	1.5	95.0	3.5	100.0(260)
	중학교	7.1	81.3	11.7	100.0(326)
	고등학교	6.5	80.2	13.3	100.0(511)
전체		5.5	84.0	10.4	100.0(1,102)

** p〈0.05

9) 공무원 연금 개편

공무원 연금 개편에 대해서는 찬성이 2.3%, 반대가 92.6%로 반대가 압도적이다(〈표 1-10〉).

이러한 조사 결과에서 우리는 박근혜 정부가 추진하고 있는 주요한 정책들이 그 정도의 차이는 다소 있지만 한결같이 교사들의 호응을 받기는커녕 반대를 무릅쓰고 추진되고 있음을 알 수 있다. 모든 정책들에서 일반 교사보다는 전교조 조합원의 반대가 더 크고, 대체로 남성과 높은 연령층의 반대가 더 큰 것이 특징이다. 이는 나중에 보겠지만 교사들의 정치의식의 성향과 밀접한 관련이 있는 것으로 보인다.

〈표 1-10〉 공무원 연금 개편

(단위: %)

구분		찬성	반대	잘 모름	전체(유효 사례 수)
구분**	일반 교사	3.2	90.1	6.6	100.0(619)
	조합원	1.2	95.7	3.1	100.0(489)
연령**	20대	4.2	89.6	6.3	100.0(144)
	30대	4.0	88.9	7.1	100.0(351)
	40대	1.4	94.8	3.9	100.0(362)
	50대 이상	0.4	96.3	3.3	100.0(246)
급별**	초등학교	1.1	96.6	2.3	100.0(261)
	중학교	1.8	94.3	3.9	100.0(333)
	고등학교	3.3	89.4	7.3	100.0(509)
전체		2.3	92.6	5.1	100.0(1,108)

** p<0.05

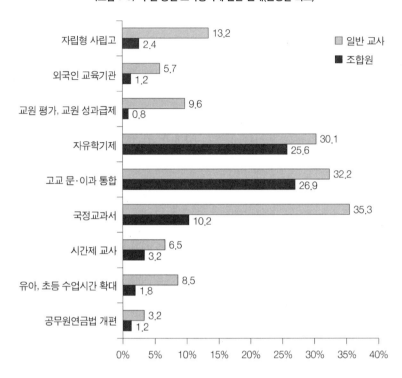

〈그림 1-5〉 추진 중인 교육정책에 관한 견해(찬성률 비교)

일반 교사 / 조합원

- 자립형 사립고: 13.2 / 2.4
- 외국인 교육기관: 5.7 / 1.2
- 교원 평가, 교원 성과급제: 9.6 / 0.8
- 자유학기제: 30.1 / 25.6
- 고교 문·이과 통합: 32.2 / 26.9
- 국정교과서: 35.3 / 10.2
- 시간제 교사: 6.5 / 3.2
- 유아, 초등 수업시간 확대: 8.5 / 1.8
- 공무원연금법 개편: 3.2 / 1.2

** p〈0.05

〈그림 1-5〉는 이상 9개의 정책에 대한 찬성률 비교를 통해 교사들의 의식을 한눈에 볼 수 있도록 나타낸 것이다.

3. 대학평준화(국립대 통합네트워크)에 대한 의식

학벌 사회와 입시 교육의 폐해를 극복하기 위한 방안으로 제시된 대

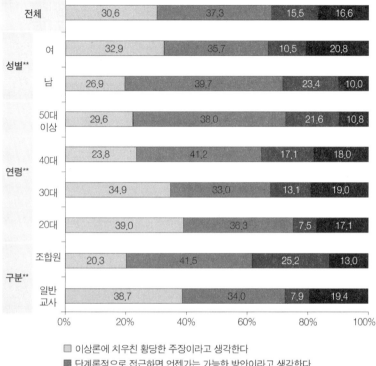

〈그림 1-6〉 대학 평준화(국립대 통합 네트워크)에 대한 의식

	이상론에 치우친 황당한 주장이라고 생각한다	단계론적으로 접근하면 언젠가는 가능한 방안이라고 생각한다	입시 지옥에서 벗어날 수 있는 현실적인 방안이라고 생각한다	잘 모르겠다
전체	30.6	37.3	15.5	16.6
성별** 여	32.9	35.7	10.5	20.8
성별** 남	26.9	39.7	23.4	10.0
연령** 50대 이상	29.6	38.0	21.6	10.8
연령** 40대	23.8	41.2	17.1	18.0
연령** 30대	34.9	33.0	13.1	19.0
연령** 20대	39.0	36.3	7.5	17.1
구분** 조합원	20.3	41.5	25.2	13.0
구분** 일반 교사	38.7	34.0	7.9	19.4

■ 이상론에 치우친 황당한 주장이라고 생각한다
■ 단계론적으로 접근하면 언젠가는 가능한 방안이라고 생각한다
■ 입시 지옥에서 벗어날 수 있는 현실적인 방안이라고 생각한다
■ 잘 모르겠다

** p〈0.05

학 평준화(국립대 통합 네트워크)에 대한 견해가 어떻게 변화했는지 조사했다. 전체 응답자 중에서 '입시 지옥에서 벗어날 수 있는 현실적인 방안이라고 생각한다'고 응답한 비율이 15.5%, '단계론적으로 접근하면 언젠가는 가능한 방안이라고 생각한다'고 응답한 비율이 37.3%로 다수가 대학 평준화 방안이 실현 가능한 방안이라고 응답한 반면, '이상론에

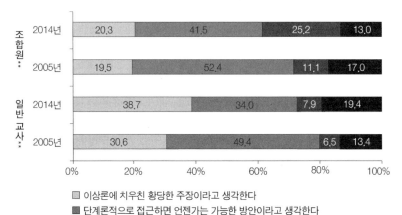

〈그림 1-7〉 대학 평준화(국립대 통합 네트워크)에 대한 의식(2005-2014)

조합원** 2014년 20.3 | 41.5 | 25.2 | 13.0
조합원** 2005년 19.5 | 52.4 | 11.1 | 17.0

일반교사** 2014년 38.7 | 34.0 | 7.9 | 19.4
일반교사** 2005년 30.6 | 49.4 | 6.5 | 13.4

0% 20% 40% 60% 80% 100%

■ 이상론에 치우친 황당한 주장이라고 생각한다
■ 단계론적으로 접근하면 언젠가는 가능한 방안이라고 생각한다
■ 입시 지옥에서 벗어날 수 있는 현실적인 방안이라고 생각한다
■ 잘 모르겠다

** $p < 0.05$

치우친 황당한 주장이라고 생각한다'고 응답한 비율은 30.6%로 나타났다(〈그림 1-6〉).

'입시 지옥에서 벗어날 수 있는 현실적인 방안이라고 생각한다'고 응답한 비율이 일반 교사의 경우는 7.9%인데 조합원의 경우는 25.2%로 대조적이다. 대학 평준화의 실현 가능성에 대해 연령별로는 높은 연령층이, 성별로는 남성이 더 높은 비율로 긍정적으로 응답했다.

2005년 조사와 비교하면 일반 교사의 경우는 대학 평준화 가능성이 없다고 보는 비율이 높아진 반면, 조합원의 경우는 대학 평준화의 실현 가능성이 있다고 보는 견해가 더 높아진 점이 주목된다(〈그림 1-7〉). 2005년은 대학 평준화 방안이 막 발표된 초기여서 그 내용이 잘 알려지지 않았지만 그 후 언론 매체나 강연회 등으로 점차 알려지기 시작했는

데, 그러한 정보에 접할 기회와 그로 인한 일반 교사와 조합원의 인식 차이가 반영된 것으로 보인다.

4. 비정규직 교원의 학교운영위 참여

'학교 비정규직 교직원들이 학교운영위에 위원으로 참석하는 것에 대해 어떻게 생각하십니까?'라는 문항에 대해서는 필요하다는 응답이 필요하지 않다는 응답보다 훨씬 많이 나왔다. 5점 척도로 보면 일반 교사는 3.08점인 데 비해 조합원은 3.55점으로 조합원이 훨씬 높다. 연령별로는 30대가 가장 높고 20대, 40대, 50대 이상 순이다(〈표 1-11〉). 정부의 차별적인 교사 정책에도 불구하고 교사들은 대부분 비정규직 교직원을 동료로 받아들이고 있으며 조합원의 경우는 그러한 의식이 일반 교

〈표 1-11〉 비정규직 교원의 학교운영위 참여

		평균*	표준편차	전혀 필요하지 않다	필요하지 않다	보통이다	필요하다	매우 필요하다	유효 사례 수
구분**	일반 교사	3.08	0.970	5.2%	23.2%	33.9%	33.4%	4.3%	611
	조합원	3.55	0.981	2.4%	14.9%	21.8%	47.5%	13.4%	491
연령**	20대	3.29	0.852	2.1%	14.6%	40.3%	38.2%	4.9%	144
	30대	3.40	0.982	2.9%	16.9%	27.6%	42.2%	10.5%	344
	40대	3.28	1.014	4.7%	19.2%	27.3%	40.9%	7.8%	359
	50대 이상	3.16	1.067	5.2%	26.0%	24.8%	35.6%	8.4%	250
전체		3.29	1.000	4.0%	19.5%	28.5%	39.7%	8.3%	1,097

* '전혀 필요하지 않다' 1점, '매우 필요하다' 5점으로 환산한 값임.
** p〈0.05

사보다 훨씬 높다는 것을 알 수 있다.

5. 혁신학교

혁신학교는 2010년 지방선거에서 김상곤, 곽노현 등 6명의 진보적 성향의 교육감이 당선되면서 추진된 정책으로 일선 학교와 학부모들 사이에서 커다란 반향을 불러일으켰다. 이에 대한 교사들의 기대는 예상한 바대로 상당히 큰 것으로 나타났다. '혁신학교는 새로운 학교 모델을 만들어가고 있다'라는 문항에 대해서는 긍정적인 응답이 63.6%로 부정적

<표 1-12> 혁신학교는 새로운 학교 모델을 만들어가고 있다

		평균*	표준편차	전혀 그렇지 않다	별로 그렇지 않다	대체로 그렇다	매우 그렇다	유효 사례 수
구분**	일반 교사	3.05	1.164	4.9%	43.7%	44.5%	7.0%	616
	조합원	3.75	1.049	2.4%	18.7%	59.5%	19.3%	491
연령**	20대	3.36	1.052	2.1%	31.7%	60.7%	5.5%	145
	30대	3.49	1.130	2.9%	28.2%	54.6%	14.4%	348
	40대	3.41	1.197	3.9%	31.8%	48.5%	15.9%	359
	50대 이상	3.13	1.197	5.6%	39.6%	45.6%	9.2%	250
급별**	초등학교	3.79	1.080	1.5%	20.5%	53.3%	24.7%	259
	중학교	3.29	1.167	4.8%	33.3%	52.0%	9.9%	333
	고등학교	3.19	1.153	4.3%	37.8%	50.0%	7.8%	510
전체		3.40	1.110	3.8%	32.6%	51.1%	12.5%	1,106

* '전혀 그렇지 않다' 1점, '매우 그렇다' 5점으로 환산한 값임.
** p〈0.05

〈표 1-13〉 혁신학교의 성과가 일반학교로 확산되고 있다

		평균*	표준편차	전혀 그렇지 않다	별로 그렇지 않다	대체로 그렇다	매우 그렇다	유효 사례 수
구분**	일반 교사	2.52	1.034	6.8%	65.6%	24.4%	3.2%	616
	조합원	2.73	1.087	4.1%	59.5%	32.2%	4.3%	491
급별**	초등학교	2.81	1.123	3.5%	57.1%	33.2%	6.2%	259
	중학교	2.67	1.097	5.7%	60.1%	29.7%	4.5%	333
	고등학교	2.48	0.990	6.5%	67.5%	24.1%	2.0%	510
전체		2.62	1.060	5.6%	62.9%	27.8%	3.7%	1,106

* '전혀 그렇지 않다' 1점, '매우 그렇다' 5점으로 환산한 값임.
** $p < 0.05$

인 응답 36.4%보다 높게 나타났다. 5점 척도로 일반 교사가 3.05점인데 비해 조합원은 3.75점으로 차이가 컸다. 연령별로는 30대가 상대적으로 높게 나타났으며, 학교 급별로는 초등학교가 높게 나타났다(〈표 1-12〉).

'혁신학교의 성과가 일반 학교로 확산되고 있다'에 대해서는 긍정적인 응답이 31.5%로 부정적인 응답 68.5%보다 낮았다. 5점 척도로 일반 교사가 2.52점인 데 비해 조합원은 2.73점으로 차이가 나타났다(〈표 1-13〉). 아직 혁신학교 성과의 확산에 대해서는 체감하지 못하고 있는 것으로 보인다. 학교 급별로 초등학교가 상대적으로 높게 나타났는데 이는 대학 입시에서 상대적으로 거리가 먼 초등학교에서 학교 정상화의 여지가 크다는 것을 반영하는 것으로 보인다.

6. 진보 교육감 공약 중 중점 정책

현재의 학교 교육에서 주요한 정책 과제가 무엇인지 알아보기 위해 간접적인 방법으로 진보 교육감 공약에 관해 질문했다. '진보 교육감의 공통 공약 중에 가장 중점을 두어야 한다고 생각하는 정책 두 개를 선택하라'라는 문항에서 '입시 고통 해소와 공교육 정상화' 75.0%, '학교 민주주의와 학교 자치의 확대' 35.5%, '교육 복지의 강화' 27.2% 순으로 높은 응답이 나왔다. 특히 '입시 고통 해소와 공교육 정상화'를 선택한 응답자는 3/4에 달해 다른 공약들보다 훨씬 높게 나타났다(〈그림 1-8〉).

일반 교사는 상대적으로 교육 복지 강화와 교육 비리 척결에 관심이

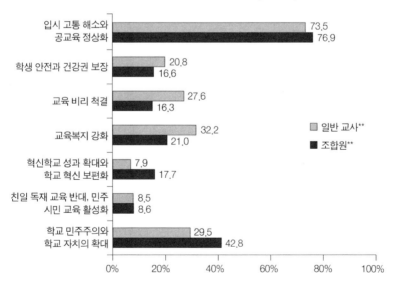

〈그림 1-8〉진보 교육감 공약 중 중점 정책(2개 선택)

** p〈0.05

큰 반면, 조합원은 입시 고통 해소와 공교육 정상화와 학교 민주주의와 학교 자치의 확대에 더 큰 관심을 보였다. 연령별로는 연령층이 높을수록 학교 민주주의와 학교 자치의 확대에 더 큰 관심을 보였다. 성별로는 여성이 학교 민주주의와 학교 자치의 확대에 더 큰 관심을 보였다.

7. 진보 교육감에 대한 기대

'13개 지역 진보 교육감의 정책은 교육 현장을 변화시키는 데 유의미한 역할을 할 것이다'라는 문항에 대해서는 긍정적인 응답이 80.1%에 달해 기대감이 매우 높은 것으로 나타났다(〈표 1-14〉). 학교 급별로는 초등학교가 가장 높고 중학교, 고등학교 순이었다. 2010년 지방선거에 이어 2014년 지방선거에서는 진보적 성향의 교육감이 13명이나 당선되어

〈표 1-14〉 진보 교육감에 대한 기대

		평균*	표준편차	전혀 그렇지 않다	별로 그렇지 않다	대체로 그렇다	매우 그렇다	유효 사례 수
구분**	일반 교사	3.53	1.125	3.9%	25.0%	57.1%	14.1%	617
	조합원	4.17	0.853	1.0%	7.7%	55.5%	35.8%	494
급별**	초등학교	4.10	0.926	1.2%	10.4%	53.8%	34.6%	260
	중학교	3.75	1.068	2.4%	19.4%	57.3%	20.9%	335
	고등학교	3.72	1.097	3.5%	19.0%	57.1%	20.4%	511
	전체	3.85	0.990	2.6%	17.3%	56.3%	23.8%	1,110

* '전혀 그렇지 않다' 1점, '매우 그렇다' 5점으로 환산한 값임.
** $p < 0.05$

학교 혁신에 대한 기대감이 매우 커졌다는 사실을 알 수 있다.

8. 소결

　박근혜 정부의 전반적인 교육정책에 대한 교사들의 평가는 대단히 부정적이다. 부정적인 평가는 정도의 차이는 약간 있지만 전교조 조합원들뿐 아니라 일반 교사들의 경우에도 마찬가지이다. 이명박 정부의 신자유주의 정책 기조를 유지하고 있는 박근혜 정부의 교육정책은 가장 중요한 교육 주체인 교사 대중의 반대에 직면해 있는 것이다. 박근혜 정부는 출범하면서 이명박 정부의 신자유주의 정책이 야기한 문제들을 보완하고 교육 복지를 확충하겠다고 약속했지만 집권 후 1년도 채 되지 않아 그러한 공약이 거짓이었다는 사실이 드러나면서 교사들의 반대가 커진 것으로 보인다.

　노무현 정부 이전부터 시작된 몇 가지 신자유주의 교육정책들, 예컨대 자립형 사립고 유지 및 확대, 외국인 교육기관 확대 및 영리 활동 허용, 교원 평가와 교원 성과급 확대와 같은 정책들에 대해서는 반대 응답률이 모두 높아져 압도적 다수의 교사들이 강한 반대 의사를 표명하고 있다. 이러한 신자유주의 정책들이 처음 도입될 때에는 그러한 정책들에 대한 정확한 평가를 하지 못한 교사들이 상당히 있어 반대 비율이 압도적이지는 않았지만 갈수록 신자유주의 정책들의 본질이 드러나고 폐해가 속출하면서 교사들의 반대가 압도적이 된 것으로 보인다.

　이명박 정부와 박근혜 정부가 추진하는 다른 몇 가지 정책에 대해서도 부정적인 견해가 다수를 차지하고 있다. 자유학기제나 고교 문·이과 통합, 국정교과서와 같은 정책들에 대해서는 다수가 반대하더라도 압도적이지는 않지만, 시간제 교사나 유아·초등 수업 시간 확대, 공무원 연금개편 같은 정책들에 대해서는 교사들의 반대가 압도적이다. 교사들 다수의 압도적인 반대에도 불구하고 그러한 정책들이 제대로 시행될 수 있을지는 의문이다.

한편, 2010년 지방선거에서 진보적 성향의 교육감이 대거 당선되면서 시작된 혁신학교 운동과 진보 교육감에 대한 기대는 예상보다 큰 것으로 나타났다. 혁신학교에 대한 기대는 높은 연령층, 남성, 초등학교가 상대적으로 높게 나타나는데 다른 정책들에 대한 응답과 비슷한 경향을 보였다. 다만 혁신학교의 확산 속도에 대해서는 아직 실감하는 교사들이 소수인 것으로 나타났다. 진보 교육감에 대한 기대 사항으로는 '입시 고통 해소와 공교육 정상화'와 '학교 민주주의와 학교 자치의 확대'가 가장 컸다. 이는 현재의 가장 큰 교육 모순인 입시 교육과 교육 관료 체제를 단적으로 반영하고 있다.

제2장

정치·사회의식

1. 정치적 성향

1) 주관적 정치 성향

　주관적 정치 성향을 묻는 질문에 응답한 결과를 보면 대체로 교사들은 자신을 진보적이거나 중도적이라고 생각하고 있는 것으로 나타났다. 전체 응답자 가운데 진보적이라고 한 응답이 48.8%, 중도적이라는 응답이 36.8%, 보수적이라는 응답이 14.4%로 나타났다. 이를 5점 척도로 나타내보면 일반 교사는 3.13점인데 조합원은 3.71점으로 차이가 상당히 크다(〈표 2-1〉).

　연령별로는 40대가, 급별로는 초등학교가 더 진보적인 성향을 가진 것으로 나타났다. 이러한 주관적 정치 성향은 교육정책이나 사회·경제

〈표 2-1〉 주관적 정치 성향

		평균*	표준 편차	아주 보수적 이다	어느 정도 보수적 이다	중도적 이다	어느 정도 진보적 이다	아주 진보적 이다	유효 사례 수
구분**	일반 교사	3.13	0.788	1.4%	19.8%	44.5%	33.0%	1.3%	627
	조합원	3.71	0.736	0.4%	5.4%	27.2%	56.9%	10.1%	497
연령**	20대	3.22	0.731		15.9%	48.3%	33.8%	2.1%	145
	30대	3.38	0.785	0.8%	12.7%	37.5%	45.4%	3.7%	355
	40대	3.49	0.797	0.5%	10.7%	35.1%	46.8%	6.8%	365
	50대 이상	3.35	0.914	2.4%	16.5%	31.9%	42.5%	6.7%	254
급별**	초등학교	3.57	0.824	0.4%	11.4%	28.0%	51.1%	9.1%	264
	중학교	3.30	0.817	1.2%	15.7%	38.5%	41.1%	3.6%	338
	고등학교	3.35	0.796	1.2%	12.8%	40.4%	41.6%	4.1%	517
전체		3.39	0.817	1.0%	13.4%	36.8%	43.6%	5.2%	1,123

* '아주 보수적이다' 1점, '아주 진보적이다' 5점으로 환산한 값임.
** $p < 0.05$

〈그림 2-1〉 주관적 정치적 성향(2005-2014)

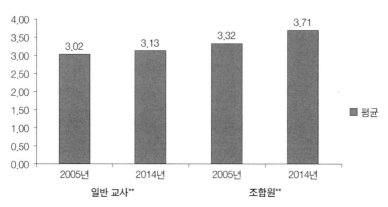

* '아주 보수적이다' 1점, '아주 진보적이다' 5점으로 환산한 값임.
** $p < 0.05$

정책에 대한 의식을 교차분석한 결과와 비슷한 경향을 보이고 있다.

2005년 조사와 비교하면 일반 교사의 진보적 성향은 3.02점에서 3.13점으로 약간 증가하고 조합원의 경우는 3.32점에서 3.72점으로 크게 증가한 것으로 나타났다(〈그림 2-1〉). 한 개인의 주관적 정치적 성향은 그가 속한 사회의 이데올로기 지형에 상대적이다. 2005년 노무현 정부 시기보다 현재 박근혜 정부의 이데올로기 지형이 보수적인 쪽으로 이동했기 때문에 상대적으로 진보적 성향이 증가한 것으로 해석할 수 있다. 특히 조합원의 경우에 진보적 성향이 크게 증가한 것은 전교조에 다소간 우호적이었던 노무현 정부와 노골적으로 적대적인 박근혜 정부의 차이를 반영한 것으로 보인다.

2) 투표 성향

2014년 지방선거에서 정당투표 성향을 보면 일반 교사와 조합원 사이에 큰 차이가 있다. 일반 교사의 경우는 새정치민주연합 55.3%, 새누리당 14.1%, 통합진보당 5.8% 순으로 나타난 반면, 조합원의 경우는 새정치민주연합 33.5%, 통합진보당 23.6%, 정의당 18.9% 순으로 나타났다(〈그림 2-2〉).

연령별로는 40대가 상대적으로 진보적인 정당 투표 성향을 보였으며, 성별로는 남성이 여성보다 상대적으로 진보적인 투표 성향을 보였다.

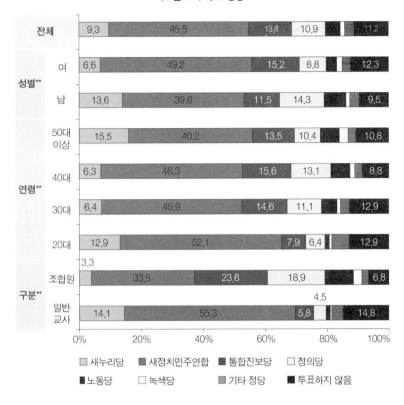

〈그림 2-2〉투표 성향

전체
9.3 / 45.5 / 13.8 / 10.9 / 11.2

성별** 여
6.6 / 49.2 / 15.2 / 8.8 / 12.3

성별** 남
13.6 / 39.6 / 11.5 / 14.3 / 9.5

연령** 50대 이상
15.5 / 40.2 / 13.5 / 10.4 / 10.8

연령** 40대
6.3 / 46.3 / 15.6 / 13.1 / 8.8

연령** 30대
6.4 / 45.9 / 14.6 / 11.1 / 12.9

연령** 20대
12.9 / 52.1 / 7.9 / 6.4 / 12.9

구분** 조합원
3.3 / 33.5 / 23.6 / 18.9 / 6.8

구분** 일반 교사
14.1 / 55.3 / 5.8 / 4.5 / 14.8

□ 새누리당 ■ 새정치민주연합 ■ 통합진보당 □ 정의당
■ 노동당 □ 녹색당 ▨ 기타 정당 ■ 투표하지 않음

** p〈0.05

3) 지지 정당

지지 정당을 물어본 결과 지지 정당이 없다는 대답이 전체 응답자의
59.0%로 절반을 넘는 것으로 나타났으며, 일반 교사의 경우는 65.4%에
달했다. 지지 정당이 있는 경우에는 일반 교사의 경우는 새정치민주연
합 23.6%, 새누리당 5.4% 순으로 나타나고 조합원의 경우는 새정치민

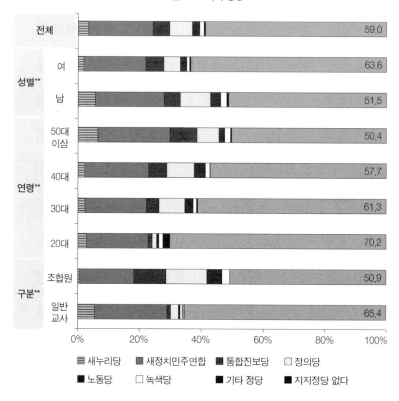

〈그림 2-3〉 지지 정당

	새누리당	새정치민주연합	통합진보당	정의당
	노동당	녹색당	기타 정당	지지정당 없다

** p〈0.05

주연합 17.6%, 정의당 13.1%, 통합진보당 10.4% 순으로 나타났지만 지지 비율은 낮은 수준이다(〈그림 2-3〉).

주관적 정치적 성향과 투표 성향 및 지지 정당 사이에 상관관계가 나타나는 것은 예상할 수 있는 일이지만, 투표 성향과 지지 정당 사이의 격차는 아직 한국 정치에서 정당 정치가 제대로 뿌리내리지 못한 것을 반영한다고 볼 수 있다.

2. 사회·경제 정책에 대한 견해

1) 규제 완화와 민영화

신자유주의 정책의 핵심 가운데 하나인 규제 완화와 민영화에 대해서는 찬성이 22.0%, 반대가 59.2%로 반대 응답률이 더 높은데 일반 교사보다 조합원의 반대 응답률이 훨씬 더 높다(〈표 2-2〉).

2005년 조사에서는 '국가경쟁력을 위해 기업 활동에 대한 규제를 더 완화해야 한다'라는 문항에 일반 교사의 경우 찬성 응답이 51.1%로 높았으나 2014년 조사에서는 '규제완화와 민영화'에 대해 29.8%만이 찬성

〈표 2-2〉 규제 완화와 민영화

(단위: %)

		찬성	반대	잘 모름	전체(유효 사례 수)
구분**	일반 교사	29.8	45.8	24.4	100.0(618)
	조합원	12.2	76.2	11.6	100.0(491)
연령**	20대	15.1	63.7	21.2	100.0(146)
	30대	18.4	62.3	19.3	100.0(353)
	40대	19.7	62.3	18.0	100.0(355)
	50대 이상	33.2	48.8	18.0	100.0(250)
성별**	남	25.3	58.4	16.3	100.0(430)
	여	19.8	59.9	20.4	100.0(678)
급별**	초등학교	15.3	66.4	18.3	100.0(262)
	중학교	23.4	56.2	20.4	100.0(329)
	고등학교	24.6	57.7	17.7	100.0(513)
전체		22.0	59.2	18.8	100.0(1,109)

** p〈0.05

한다고 응답하고 45.8%가 반대한 점은 주목할 만하다(『교사의 사회의식과 전교조』, 63쪽). 지난 10년간 신자유주의 정책의 이데올로기적 성격이 대중들 사이에서 폭로되어온 사실을 반영하는 것으로 보인다.

2) 비정규직 문제

'경제성장을 위해서 비정규직은 불가피하다'라는 문항에 대한 응답은 전체적으로 찬성이 10.2%에 불과한 반면, 반대는 70.4%에 달했다. 일반 교사보다 조합원의 반대 비율이 더 높고, 급별로는 초등학교가 반대 비율이 더 높게 나타났다(〈표 2-3〉).

2005년 조사와 비교하면, 2005년에 일반 교사는 찬성 비율이 30.1%였으나 2014년에는 15.1%로, 조합원의 경우는 22.3%에서 4.0%로 떨어졌다(〈그림 2-4〉). 이는 비정규직 문제에 관한 사회적 관심이 증대한 것을 반영한 응답으로 해석된다.

〈표 2-3〉 비정규직 문제

(단위: %)

		찬성	반대	잘 모름	전체(유효 사례 수)
구분**	일반 교사	15.1	59.2	25.7	100.0(623)
	조합원	4.0	84.4	11.5	100.0(494)
급별**	초등학교	10.3	76.8	12.9	100.0(263)
	중학교	9.3	66.5	24.3	100.0(334)
	고등학교	10.9	69.5	19.6	100.0(515)
	전체	10.2	70.4	19.4	100.0(1,117)

** p〈0.05

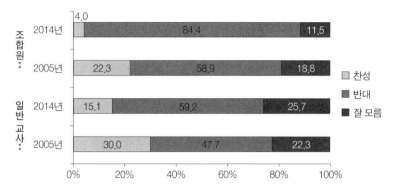

〈그림 2-4〉 비정규직 문제(2005-2014)

조합원**
- 2014년: 4.0 / 84.4 / 11.5
- 2005년: 22.3 / 58.9 / 18.8

일반 교사**
- 2014년: 15.1 / 59.2 / 25.7
- 2005년: 30.0 / 47.7 / 22.3

■ 찬성
■ 반대
■ 잘 모름

** p〈0.05

3) 국가보안법 폐지

교사들은 반공 이데올로기의 마지막 보루가 되어 사상과 표현의 자유

〈표 2-4〉 국가보안법 폐지

(단위: %)

		찬성	반대	잘 모름	전체(유효 사례 수)
구분**	일반 교사	40.9	22.1	37.0	100.0(616)
	조합원	73.9	8.9	17.2	100.0(495)
연령**	20대	32.4	19.3	48.3	100.0(145)
	30대	53.6	13.1	33.3	100.0(351)
	40대	63.2	13.6	23.1	100.0(359)
	50대 이상	61.4	21.9	16.7	100.0(251)
성별**	남	60.2	20.5	19.3	100.0(430)
	여	52.6	13.5	33.8	100.0(680)
전체		55.6	16.2	28.2	100.0(1,111)

** p〈0.05

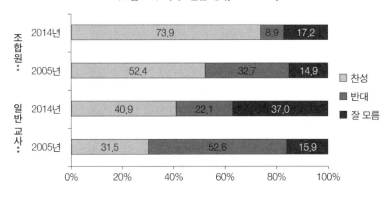

〈그림 2-5〉 국가보안법 폐지(2005-2014)

조합원**
- 2014년: 73.9 | 8.9 | 17.2
- 2005년: 52.4 | 32.7 | 14.9

일반 교사**
- 2014년: 40.9 | 22.1 | 37.0
- 2005년: 31.5 | 52.6 | 15.9

■ 찬성
■ 반대
■ 잘 모름

** p〈0.05

를 억압하는 대표적인 악법인 국가보안법은 폐지되어야 한다는 의견을
대부분 가지고 있는 것으로 나타났다. '국가보안법은 폐지되어야 한다'
라는 문항에 대해 찬성은 55.6%인 데 비해 반대는 16.2%에 불과하다.
국가보안법 폐지에 대한 조합원의 찬성률은 일반 교사보다 훨씬 높게
나타났다(〈표 2-4〉). 연령별로는 40대, 50대 이상, 30대, 20대 순으로,
성별로는 여성보다는 남성이 폐지 찬성률이 높게 나타났다.

2005년 조사와 비교해보면, 일반 교사의 경우는 2005년 40.6%에서
2014년 40.9%로 큰 차이가 없으나 조합원의 경우는 63.3%에서 73.9%
로 폐지 찬성률이 크게 증가한 것으로 나타났다(〈그림 2-5〉).

4) 대북 지원과 투자

'북한의 정책에 관계없이 대북 지원과 투자는 계속되어야 한다'라는

<표 2-5> 대북 지원과 투자

(단위: %)

		찬성	반대	잘 모름	전체(유효 사례 수)
구분**	일반 교사	46.8	29.9	23.3	100.0(619)
	조합원	75.4	12.1	12.5	100.0(488)
연령**	20대	32.6	44.4	22.9	100.0(144)
	30대	54.2	22.6	23.2	100.0(349)
	40대	69.6	14.2	16.2	100.0(355)
	50대 이상	67.2	20.0	12.8	100.0(250)
성별**	남	63.1	23.7	13.1	100.0(430)
	여	57.1	21.0	21.9	100.0(678)
전체		59.4	22.0	18.5	100.0(1,109)

** p<0.05

<그림 2-6> 대북 지원과 투자

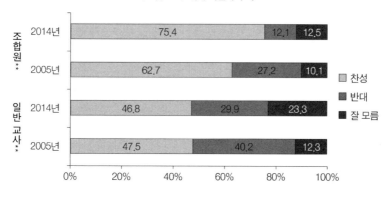

** p<0.05

문항에 대해서는 찬성 응답 비율이 59.4%, 반대 응답이 22.0%로 나타
났다(<표 2-5>). 조합원의 찬성률이 높고, 연령별, 성별로도 다른 정책들
과 같은 경향을 보인다.

2005년 조사와 비교해보면, 일반 교사의 경우는 2005년 47.65에서 2014년 46.8%로 큰 차이가 없으나 조합원의 경우는 62.7%에서 75.4%로 찬성률이 크게 증가한 것으로 나타났다(〈그림 2-6〉).

5) 원자력 정책

'안정적인 에너지 공급을 위해 원자력은 필요하다'라는 문항에 대한 응답은 찬성이 21.1%인 데 비해 반대는 60.7%에 달한다(〈표 2-6〉). 일반 교사에 비해 조합원이 반대하는 비율이 훨씬 높게 나타났다.

연령별로는 40대의 반대 비율이 높은 것은 다른 사안과 크게 다르지

〈표 2-6〉 원자력 정책

(단위: %)

		찬성	반대	잘 모름	전체(유효 사례 수)
구분**	일반 교사	31.2	45.6	23.1	100.0(618)
	조합원	8.5	79.6	11.9	100.0(494)
연령**	20대	30.8	42.5	26.7	100.0(146)
	30대	19.1	60.4	20.5	100.0(351)
	40대	15.9	68.2	15.9	100.0(358)
	50대 이상	25.4	61.1	13.5	100.0(252)
성별**	남	29.5	56.6	13.9	100.0(431)
	여	15.9	63.2	20.9	100.0(680)
급별**	초등학교	18.0	70.1	11.9	100.0(261)
	중학교	20.1	59.8	20.1	100.0(333)
	고등학교	23.5	56.4	20.0	100.0(514)
전체		21.1	60.7	18.2	100.0(1,112)

** p〈0.05

않은데, 성별로는 여성의 반대 비율이 남성보다 높아 다른 정부 정책에 대한 견해와는 상이하게 나타났다. 여성이 남성보다 원자력으로 인한 위험과 건강에 대한 관심이 남성보다 더 큰 것으로 해석할 수 있겠다.

6) 게임 규제

'게임 중독을 막기 위해 게임 규제가 필요하다'라는 문항에 대해서는 찬성이 65.25%, 반대가 21.3%로 나타나 찬성 비율이 높다(〈표 2-7〉). 조합원보다 일반 교사의 찬성률이 다소 높게 나타났으며, 연령별, 성별, 학교 급별 교차분석에서는 유의미한 차이가 나타나지 않았다.

〈표 2-7〉 게임 규제

(단위: %)

		찬성	반대	잘 모름	전체(유효 사례 수)
구분**	일반 교사	69.1	19.9	11.0	100.0(619)
	조합원	60.3	23.1	16.6	100.0(494)
성별**	남	58.6	27.3	14.1	100.0(432)
	여	69.4	17.5	13.1	100.0(680)
전체		65.2	21.3	13.5	100.0(1,113)

** p〈0.05

7) 동성 결혼 합법화

'동성 결혼을 합법화해야 한다'라는 문항에서 대해서는 찬성이 35.2%, 반대가 32.3%로 찬성과 반대가 비슷한 가운데 찬성이 약간 우

〈표 2-8〉 동성 결혼 합법화

(단위: %)

		찬성	반대	잘 모름	전체(유효 사례 수)
구분**	일반 교사	24.7	41.0	34.3	100.0(615)
	조합원	48.4	21.9	29.7	100.0(488)
연령**	20대	40.0	28.3	31.7	100.0(145)
	30대	35.0	32.1	32.9	100.0(346)
	40대	37.0	28.6	34.5	100.0(357)
	50대 이상	30.0	40.8	29.2	100.0(250)
성별**	남	31.1	40.4	28.5	100.0(428)
	여	37.7	27.6	34.7	100.0(674)
전체		35.2	32.5	32.3	100.0(1,103)

** p<0.05

세하다(〈표 2-8〉). 조합원의 경우 일반 교사보다 찬성률이 상당히 높고, 연령별로는 낮은 연령층이, 성별로는 여성이 상대적으로 우호적으로 나타났다.

8) 세월호 특별법

'세월호 참사 진상 규명을 위한 기소권, 수사권이 보장된 특별법이 제정되어야 한다'라는 문항에 대해서는 찬성이 76.0%, 반대가 9.7%로 찬성이 압도적이다(〈표 2-9〉). 조합원의 경우 일반 교사보다 찬성률이 상당히 높고, 연령별로는 40대가, 성별로는 여성이 상대적으로 높게 나타났다.

〈표 2-9〉 세월호 특별법

(단위: %)

구분**		찬성	반대	잘 모름	전체(유효 사례 수)
구분**	일반 교사	66.0	14.1	19.8	100.0(615)
	조합원	88.3	4.2	7.5	100.0(496)
연령**	20대	68.5	13.7	17.8	100.0(146)
	30대	76.4	6.6	17.0	100.0(348)
	40대	81.4	7.2	11.4	100.0(361)
	50대 이상	71.8	15.5	12.7	100.0(252)
성별**	남	71.2	13.0	15.8	100.0(430)
	여	79.0	7.6	13.4	100.0(680)
급별**	초등학교	82.4	8.0	9.6	100.0(261)
	중학교	73.4	12.7	13.9	100.0(331)
	고등학교	74.5	8.6	16.9	100.0(514)
전체		76.0	9.7	14.3	100.0(1,111)

** p〈0.05

9) 교원·공무원의 정치 기본권

'교원·공무원의 정치 기본권은 보장되어야 한다'라는 문항에 대해서는 81.6%가 찬성, 12.6%가 반대하여 찬성이 압도적이다(〈표 2-10〉). 일반 교사보다 조합원의 찬성률이 상당히 높고, 연령별로는 연령층이 높을수록 찬성률이 높게 나타났다.

〈그림 2-8〉은 여러 사회·경제 정책들에 대한 찬성률을 비교하여 교사들의 의식을 한눈에 볼 수 있도록 나타낸 것이다.

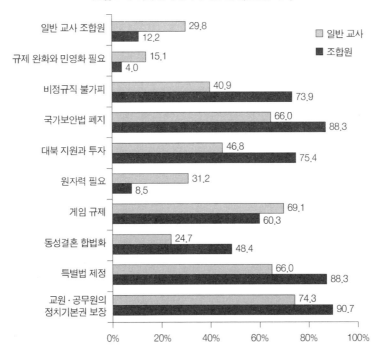

〈표 2-10〉 교원·공무원의 정치 기본권

(단위: %)

		찬성	반대	잘 모름	전체(유효 사례 수)
구분**	일반 교사	74.3	7.2	18.6	100.0(614)
	조합원	90.7	4.1	5.3	100.0(493)
연령**	20대	67.6	10.3	22.1	100.0(145)
	30대	80.7	4.9	14.4	100.0(348)
	40대	83.4	4.7	11.9	100.0(362)
	50대 이상	87.9	6.1	6.1	100.0(247)
전체		81.6	12.6	5.8	100.0(1,107)

** p〈0.05

〈그림 2-7〉 사회·경제 정책에 대한 견해(찬성률 비교)

일반 교사 조합원 29.8 / 12.2
규제 완화와 민영화 필요 15.1 / 4.0
비정규직 불가피 40.9 / 73.9
국가보안법 폐지 66.0 / 88.3
대북 지원과 투자 46.8 / 75.4
원자력 필요 31.2 / 8.5
게임 규제 69.1 / 60.3
동성결혼 합법화 24.7 / 48.4
특별법 제정 66.0 / 88.3
교원·공무원의 정치기본권 보장 74.3 / 90.7

■ 일반 교사
■ 조합원

** p〈0.05

3. 소결

교사들의 정치적 성향은 대체로 진보적인 것으로 나타났는데, 2005년 조사보다 진보적 성향이 더 강화되었다. 이처럼 교사의 주관적 정치 성향이 진보 쪽으로 이동한 요인은 적어도 두 가지 요인을 생각해볼 수 있다. 일반 교사와 조합원 모두 진보적 성향이 증가한 것은 약 10년 사이에 한국 사회가 우경화된 것에 대한 반사 작용이 주요한 요인으로 생각된다. 일반 교사보다 전교조 조합원의 진보적 성향이 크게 증가한 것은 그러한 환경적 요인과 더불어 약 10여 년간의 조합원 구성의 변화가 작용한 것으로 보인다. 즉, 2005년에 9만 2,000명이었던 조합원이 2014년에는 5만 4,000명으로 줄어 이른바 조합원이 '소수 정예화'가 크게 작용한 것으로 보인다. 탈퇴한 조합원은 진보적 성향이 약한 조합원일 가능성이 크기 때문이다.

연령별로 40대가 진보적 성향이 더 큰 것은 2005년 조사와 비슷하게 나타났다. 이는 40대의 세대 경험이 주로 작용한 것으로 보인다. 학교 급별로는 2005년 조사에서는 고등학교가 가장 진보적이고 초등학교가 가장 보수적이었는 데 비해 2014년 조사에서는 초등학교가 가장 진보적으로 나타난 것은 주목할 만하다. 이렇게 변화된 정확한 원인은 알 수 없지만, 두 가지 요인을 생각해볼 수 있다. 하나는 교사 충원 통로인 교원임용 고시의 부담이 초등학교가 중등학교보다 상대적으로 덜하다는 점이다. 중등학교 임용고시는 경쟁이 갈수록 심해져 몇 년씩 고시 공부에 매달리다 보면 교사로 임용될 즈음에는 탈진하다시피 한 경우가 많은 데 비해 초등학교 임용고시는 부담이 있기는 하지만 중등학교보다 상대적으로 덜하다고 볼 수 있다. 무릇 진보적 성향의 핵심은 변화를 향하는 의식인데, 임용고시 부담은 그러한 성향을 무디게 만드는 요인으로 작용하는 것은 쉽게 짐작할 수 있다. 다른 하나는 대학 입시의 압박이 갈수록 커지는 가운데 초등학교가 대학 입시로부터 상대적으로 거리가 멀고 동 학년 교사 모임이 활성화될 수 있는 가능성이 크다는 점이 작용한 것으로 보인다. 교사들의 일상적인 교류는 현실의 교육 문제에 대한 올바른 인식을 획득할 수 있는 계기가 되어 현재의 교육 모순을 해결하려는 의식을 형성하는 토대로 작용할 수 있다.

교사들의 투표 성향과 지지 정당에서 나타난 객관적인 정치의식을 보면 교사가 현재 한국의 정치 지형에서 진보적인 집단임을 알 수 있다. 다만 교사들이 투표 성향에서는 보수적인 정당보다는 자유주의 정당이나 진보정당에 대한 투표가 압도적이지만, 반 이상의 다수가 지지 정당이 없다고 응답하고 있다. 이는 아직 한국의 정당 체제가 사회계급과 집단의 이해관계를 제대로 반영하지 못하고 있다는 점을 간접적으로 보여주고 있다.

쟁점이 되고 있는 여러 사회·경제 정책들에 대한 교사의 의식은 상대적으로 진보적인 정치적 성향을 잘 반영하고 있다. 지난 10년 동안 강도 높게 추진되어온 각종 신자유주의 정책들, 그중에서도 규제 완화와 민영화 및 비정규직화에 대해 반대 의식이 10년 전보다 더 커진 것은 그동안 신자유주의 정책의 본질이 널리 알려지고 그 폐해가 드러났기 때문이라고 해석된다. 남북관계가 노무현 정부 때보다 이명박 정부와 박근혜 정부에 들어서 더 악화되었음에도 불구하고 국가보안법 폐지에 대한 의식은 10년 전보다 더 강화되어온 것도 눈여겨 볼 대목이다. 그 외에 다른 여러 가지 사회·경제 정책들에서도 교사들은 대체로 진보적인 성향을 보이고 있으며 일반 교사보다 전교조 조합원의 의식이 일관되게 더 진보적인 것으로 나타났다.

제3장

전교조에 대한 의식

1. 교원 노동조합의 필요성

'교사도 노동자로서 당연히 노동조합이 필요하다'라는 문항에 대해 일반 교사의 경우에도 응답이 62.4%에 달해, 조합원은 물론이고 교사들 다수는 노동조합 형태의 교사 대중조직의 필요성을 인식하고 있다 (〈표 3-1〉). 연령별로는 연령이 높을수록 전교조 필요성에 더 긍정적이다. 연령별의 이러한 차이는 정치·사회의식에서의 차이와 비슷한 경향성을 띠고 있다. 성별, 학교 급별로는 통계적으로 유의미한 차이가 나타나지 않았다.

2005년 이후 시기별 긍정적 응답률의 변화를 보면 일반 교사의 경우에는 2005년 52.2%, 2009년 50.8%에서 2014년에는 62.4%로, 조합원의 경우에는 2005년 78.6%, 2009년 77.7%에서 2014년에는 92.1%로

(단위: %)

		교사도 노동자로서 당연히 노동조합이 필요하다	교사는 전문직이므로 전문직 단체로 활동해야 한다	잘 모르겠다	전체(유효 사례 수)
구분**	일반 교사	62.4	22.3	15.3	100.0(614)
	조합원	92.1	4.3	3.6	100.0(494)
연령**	20대	63.2	16.7	20.1	100.0(144)
	30대	73.6	16.1	10.3	100.0(348)
	40대	80.0	10.6	9.4	100.0(360)
	50대 이상	79.3	15.5	5.2	100.0(251)
전체		75.6	14.3	10.1	100.0(1,108)

** p〈0.05

일반 교사와 조합원 모두에서 최근에 교원노조의 필요성에 긍정적 응답이 눈에 띄게 증가한 것을 알 수 있다(〈그림 3-1〉). 이는 이명박 정부와 박근혜 정부의 전교조에 대한 탄압이 커진 데 대한 반작용이라고 해석할 수 있다. 전교조에 가입하지 않은 교사들도 전교조가 교육의 정상화와 교권의 확보에 일정한 기여를 한다고 생각하고 있는 것이다.

교사 노동조합의 필요성 문제는 1980년대 창립 논의가 있었던 초기에는 교사들 사이에서 가장 중요한 쟁점이 되었던 문제였다. 상당한 기간 동안 내부 논쟁을 거쳐 1989년 법외노조로 출범한 전교조는 처음부터 대량 해고라는 강력한 탄압을 받았으며, 약 10년간의 합법화 투쟁과 복직 투쟁을 거쳐 1999년 합법화되었다. 합법화 이후 조합원 수가 비약적으로 증가하여 약 10만 명에 달하는 조합원을 가진 대중조직이 되었다. 2003년을 고비로 조합원 수가 감소하기 시작해 조직이 위축되어왔

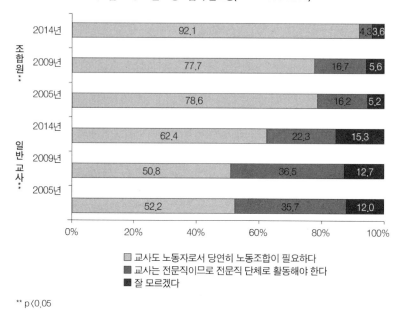

〈그림 3-1〉 교원 노동조합의 필요성(2005-2009-2014)

조합원**
- 2014년: 92.1 | 4.3 | 3.6
- 2009년: 77.7 | 16.7 | 5.6
- 2005년: 78.6 | 16.2 | 5.2

일반 교사**
- 2014년: 62.4 | 22.3 | 15.3
- 2009년: 50.8 | 36.5 | 12.7
- 2005년: 52.2 | 35.7 | 12.0

■ 교사도 노동자로서 당연히 노동조합이 필요하다
■ 교사는 전문직이므로 전문직 단체로 활동해야 한다
■ 잘 모르겠다

** p〈0.05

음에도 전교조가 필요하다는 인식이 오히려 커진 것은 전교조가 하나의
제도로서 확고한 위상을 가지게 되었다는 사실을 말해준다.

2. 전교조 활동 전반에 대한 평가

전교조의 노동조합 활동 전반에 대한 교사들의 평가는 대체로 긍정적
으로 나타났다. 잘못한다는 응답이 13.0%보다 잘한다는 응답이 36.8%
로 더 높다. 5점 척도로 보면 일반 교사 3.17점보다 조합원이 3.35점으
로 약간 더 긍정적인 평가를 하고 있다. 성별로 보면 여성이 남성보다,

<표 3-2> 전교조 활동 전반에 대한 평가

		평균*	표준편차	매우 잘못한다	잘못한다	그저 그렇다	잘한다	매우 잘한다	유효 사례 수
구분**	일반 교사	3.17	0.749	2.5%	11.1%	55.8%	28.2%	2.5%	611
	조합원	3.35	0.777	1.2%	11.0%	43.4%	40.3%	4.1%	491
성별**	남	3.16	0.843	3.8%	14.6%	46.2%	32.6%	2.8%	426
	여	3.31	0.708	0.7%	8.7%	52.9%	34.2%	3.4%	675
급별**	초등학교	3.43	0.760	0.8%	9.2%	41.0%	44.1%	5.0%	261
	중학교	3.32	0.722	1.2%	7.4%	53.2%	34.2%	4.0%	325
	고등학교	3.11	0.770	2.9%	14.3%	53.0%	28.2%	1.6%	511
전체		3.25	0.766	1.9%	11.1%	50.3%	33.6%	3.2%	1,101

* '매우 잘못한다' 1점, '매우 잘한다' 5점으로 환산한 값임.
** p<0.05

<그림 3-2> 전교조 활동 전반에 대한 평가(2005-2009-2014)

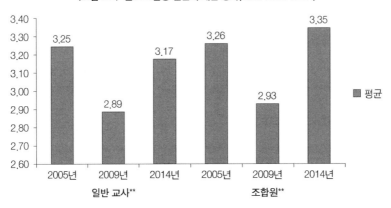

* '매우 잘못한다' 1점, '매우 잘한다' 5점으로 환산한 값임.
** p<0.05

학교 급별로는 초등학교, 중학교, 고등학교 순으로 더 긍정적인 평가를 하고 있으며 연령별로는 유의미한 차이가 없다(〈표 3-2〉).

시기별로 보면 일반 교사의 경우 2005년에는 3.25점에서 2009년에는 2.89점으로 부정적인 평가가 커졌으나 2014년에는 3.17점으로 다시 긍정적인 평가로 회복되고 있다. 조합원의 경우에도 2005년에는 3.26점에서 2009년에는 2.93점으로 부정적인 평가가 커졌다가 2014년에는 3.35점으로 2005년보다도 긍정적인 평가가 더 커졌다(〈그림 3-2〉).

이러한 변화는 약 10년간의 전교조 활동의 외부적 환경과 내부적 투쟁을 반영한 것으로 해석할 수 있다. 2005년은 노무현 정부라는 유리한 외적 환경 속에서 합법화 이후 전교조 조직 확대가 정점에 달한 시점이었다면 2009년경은 이명박 정부의 각종 신자유주의 교육정책의 공격을 받았을 뿐 아니라 조합원 감소로 전교조 활동이 위축되는 시기였다. 그러나 최근 들어 조합원 감소 추세가 진정된 데다가 법외노조화 등 박근혜 정부의 전교조에 대한 전면적 탄압에 대한 반작용으로 투쟁력이 회복된 것을 반영하는 것으로 보인다.

3. 전교조의 사회적 위상

교사들은 전교조의 사회적 위상이 그다지 높지 않은 것으로 보고 있다. 전교조의 위상이 높다고 응답한 비율은 14.3%인 데 비해 낮다고 응답한 비율이 42.3%이고 보통이라고 응답한 비율이 43.4%이다. 5점 척도로 비교하면 일반 교사가 2.60점, 조합원 2.75점으로 약간의 차이가

<표 3-3> 전교조의 사회적 위상

		평균*	표준편차	대단히 낮다	낮다	보통이다	높다	대단히 높다	유효 사례 수
구분**	일반 교사	2.60	0.751	6.3%	36.4%	48.7%	7.9%	0.6%	618
	조합원	2.75	0.895	6.0%	35.7%	36.9%	19.8%	1.6%	496
연령**	20대	2.55	0.754	5.5%	44.1%	40.0%	10.3%		145
	30대	2.48	0.832	10.6%	41.8%	37.2%	9.7%	0.6%	349
	40대	2.80	0.785	3.0%	31.9%	48.6%	14.8%	1.6%	364
	50대 이상	2.81	0.840	5.2%	29.1%	46.6%	17.5%	1.6%	251
성별**	남	2.78	0.874	5.8%	31.4%	44.2%	16.0%	2.6%	430
	여	2.60	0.779	6.4%	38.9%	43.0%	11.4%	0.1%	683
전체		2.67	0.822	6.2%	36.1%	43.4%	13.2%	1.1%	1,109

* '대단히 낮다' 1점, '대단히 높다' 5점으로 환산한 값임.
** p〈0.05

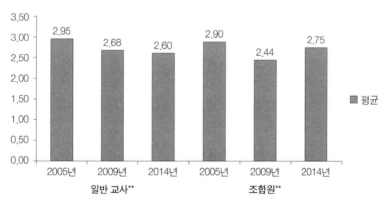

〈그림 3-3〉 전교조의 사회적 위상(2005-2009-2014)

* '대단히 낮다' 1점, '대단히 높다' 5점으로 환산한 값임.
** p〈0.05

있지만 모두 3점을 넘지 못하여 다소 부정적이다. 성별로는 남성이, 연령별로는 40대가 더 긍정적인 평가를 하고 있으나 그 차이는 크지 않다. 학교 급별로는 유의미한 차이가 없다(〈표 3-3〉).

시기별로 보면 일반 교사의 경우는 2005년 2.95점, 2009년 2.68점, 2014년 2.60점으로 부정적인 견해가 늘어난 반면, 조합원의 경우는 2005년 2.90점에서 2009년에는 2.44점으로 상당히 부정적이 되었다가 2014년에는 2.75점으로 어느 정도 만회하고 있다(〈그림 3-3〉).

일반 교사들은 물론이고 전교조 조합원들도 다수가 전교조의 사회적 위상에 대해 낮다고 생각하는 것은 교사 대중조직으로서 사회적으로 마땅히 평가되어야 할 위상과 실제의 차이를 반영하는 것이다. 이러한 차이는 상대적으로 우호적이던 노무현 정부에서 적대적인 이명박 정부와 박근혜 정부로 오면서 전교조에 대한 탄압과 무시 등의 사회적 분위기가 반영된 것으로 보인다. 그럼에도 2014년 조사에서 전교조 조합원들 사이에서 전교조의 사회적 위상이 높아진 것으로 나온 것은 최근의 전교조 탄압에 대한 대응 투쟁을 반영하는 것으로 보인다.

4. 전교조 조합원 교사에 대한 평가

전교조 조합원 교사에 대한 평판은 일반 교사와 조합원 모두 모든 항목에서 대단히 긍정적이다. (1) '사회 개혁과 교육 개혁에 대한 열망이 높다'라는 항목에는 91.8%가 긍정적인 응답률을 보였으며(〈표 3-4〉), (2) '동료 교사와 협력과 소통을 잘한다'라는 항목에는 90.8%(〈표 3-5〉), (3)

<表 3-4> 교육 개혁 열망이 높다

		평균*	표준편차	전혀 그렇지 않다	별로 그렇지 않다	대체로 그렇다	매우 그렇다	유효 사례 수
구분**	일반 교사	4.00	0.836	1.0%	9.7%	67.0%	22.3%	610
	조합원	4.20	0.685	0.0%	5.2%	64.7%	30.1%	485
성별**	남	4.01	0.858	1.2%	9.7%	65.3%	23.8%	421
	여	4.14	0.721	0.1%	6.4%	66.6%	26.9%	673
급별**	초등학교	4.32	0.671	0.0%	3.8%	56.1%	40.1%	262
	중학교	4.11	0.762	0.3%	7.4%	65.3%	27.0%	326
	고등학교	3.94	0.811	1.0%	9.9%	71.8%	17.3%	503
전체		4.09	0.779	0.5%	7.7%	66.0%	25.8%	1,094

* '전혀 그렇지 않다' 1점, '매우 그렇다' 5점으로 환산한 값임.
** $p < 0.05$

<표 3-5> 협력과 소통을 잘한다

		평균*	표준편차	전혀 그렇지 않다	별로 그렇지 않다	대체로 그렇다	매우 그렇다	유효 사례 수
구분**	일반 교사	3.63	1.042	2.5%	21.7%	62.4%	13.5%	609
	조합원	3.92	0.852	0.6%	12.4%	68.9%	18.1%	485
성별	남	3.69	1.040	3.1%	18.5%	62.9%	15.4%	421
	여	3.80	0.925	0.7%	16.8%	66.8%	15.6%	672
급별	초등학교	3.79	1.013	1.9%	17.6%	61.1%	19.5%	262
	중학교	3.85	0.944	0.6%	16.5%	63.3%	19.6%	327
	고등학교	3.68	0.965	2.2%	18.2%	68.9%	10.8%	501
전체		3.76	0.972	1.6%	17.6%	65.3%	15.5%	1,093

* '전혀 그렇지 않다' 1점, '매우 그렇다' 5점으로 환산한 값임.
** $p < 0.05$

〈표 3-6〉 학생에 대한 애정이 깊고 생활 교육을 잘한다

		평균*	표준편차	전혀 그렇지 않다	별로 그렇지 않다	대체로 그렇다	매우 그렇다	유효 사례 수
구분**	일반 교사	3.98	0.862	1.2%	10.4%	66.1%	22.4%	608
	조합원	4.24	0.638	0.0%	3.7%	64.5%	31.8%	485
성별**	남	4.01	0.869	1.2%	10.0%	64.1%	24.7%	421
	여	4.15	0.712	0.3%	5.7%	66.3%	27.7%	671
급별**	초등학교	4.35	0.677	0.0%	3.8%	53.4%	42.7%	262
	중학교	4.16	0.699	0.3%	5.2%	66.8%	27.7%	325
	고등학교	3.93	0.836	1.2%	10.6%	70.9%	17.3%	502
전체		4.10	0.779	0.6%	7.4%	65.4%	26.5%	1,092

* '전혀 그렇지 않다' 1점, '매우 그렇다' 5점으로 환산한 값임.
** p〈0.05

〈표 3-7〉 수업 전문성이 있다

		평균*	표준편차	전혀 그렇지 않다	별로 그렇지 않다	대체로 그렇다	매우 그렇다	유효 사례 수
구분**	일반 교사	3.80	0.904	1.0%	15.5%	69.1%	14.4%	605
	조합원	4.02	0.729	0.4%	7.6%	73.1%	18.8%	484
성별**	남	3.80	0.917	1.4%	15.0%	68.8%	14.8%	420
	여	3.96	0.776	0.3%	10.0%	72.3%	17.4%	668
급별**	초등학교	4.06	0.795	1.1%	7.3%	67.6%	24.0%	262
	중학교	3.98	0.774	0.3%	9.6%	71.5%	18.6%	323
	고등학교	3.76	0.875	0.8%	16.0%	72.4%	10.8%	500
전체		3.90	0.836	0.7%	12.0%	70.9%	16.3%	1,088

* '전혀 그렇지 않다' 1점, '매우 그렇다' 5점으로 환산한 값임.
** p〈0.05

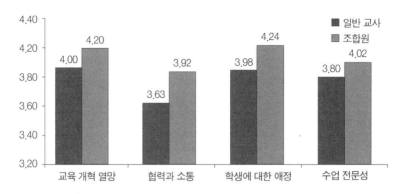

〈그림 3-4〉 전교조 교사에 대한 평가

** p<0.05

'학생들에 대한 애정이 깊고 생활 교육을 잘한다'라는 항목에는 91.9%
(〈표 3-6〉), (4) '수업 전문성이 있다'라는 항목에는 87.2%가 긍정적인 응
답률을 보였다(〈표 3-7〉). 모든 항목에서 일반 교사보다 조합원의 평가가
더 긍정적이었다. 〈그림 3-4〉는 항목별로 5점 척도로 비교하여 나타낸 것
이다.

　이러한 조사 결과는 전교조와 조합원 교사들이 교직 사회에서 누리는
위상이 대단히 높다는 것을 보여주는 것이다. 그리고 일반 교사보다 조
합원 스스로의 평가가 더 긍정적인 것은 전교조 조합원들이 조합원 정
체성에 대한 자부심을 강하게 가지고 있다는 점을 드러내는 것이라고
볼 수 있다. 네 항목을 비교해보면 사회 개혁 및 교육 개혁에 대한 열망
과 학생들에 대한 애정을 특별히 높이 평가하고 있음을 알 수 있다.

5. 전교조 활동에 관한 정보 획득 통로

전교조 활동에 관한 정보를 얻는 통로에 관한 문항에 대해서는 조합원 동료 교사들로부터 정보를 얻는다는 응답률이 가장 높았다. 조합원 동료 교사로부터 정보를 얻는다는 항목에 75.3%가 '그렇다'라고 응답했으며(〈표 3-8〉), 전교조 신문 ≪교육희망≫에는 44.2%(〈표 3-9〉), 대중매체에는 53.6%(〈표 3-10〉), SNS에는 33.8%(〈표 3-11〉), 전교조 홈페이지에는 15.7%(〈표 3-12〉)가 긍정적으로 응답했다.

교차분석 결과를 보면 ≪교육희망≫을 통해 정보를 얻는 것은 일반

〈표 3-8〉 전교조 활동에 관한 정보 획득 통로 (1) - 전교조 조합원 동료

		평균*	표준편차	전혀 그렇지 않다	별로 그렇지 않다	대체로 그렇다	매우 그렇다	유효 사례 수
구분**	일반 교사	3.36	1.193	7.0%	27.2%	54.5%	11.3%	617
	조합원	4.03	0.969	2.5%	10.2%	56.4%	30.9%	489
연령**	20대	3.27	1.329	13.1%	24.1%	48.3%	14.5%	145
	30대	3.66	1.184	5.1%	20.5%	51.6%	22.8%	351
	40대	3.74	1.082	3.0%	18.8%	57.3%	20.8%	361
	50대 이상	3.75	1.037	2.9%	17.2%	61.5%	18.4%	244
성별**	남	3.54	1.204	6.6%	22.3%	53.3%	17.8%	426
	여	3.73	1.107	4.0%	18.1%	56.6%	21.4%	679
급별**	초등학교	3.88	1.149	4.6%	15.0%	48.8%	31.5%	260
	중학교	3.76	1.040	2.4%	18.1%	60.1%	19.3%	331
	고등학교	3.48	1.190	6.9%	23.1%	55.5%	14.5%	510
전체		3.66	1.149	5.0%	19.7%	55.3%	20.0%	1,105

* '전혀 그렇지 않다' 1점, '매우 그렇다' 5점으로 환산한 값임.
** p〈0.05

<table>
<tr><td colspan="9" align="center">〈표 3-9〉 전교조 활동에 관한 정보 획득 통로 (2) - ≪교육희망≫ 신문</td></tr>
</table>

〈표 3-9〉 전교조 활동에 관한 정보 획득 통로 (2) - ≪교육희망≫ 신문

		평균*	표준편차	전혀 그렇지 않다	별로 그렇지 않다	대체로 그렇다	매우 그렇다	유효 사례 수
구분**	일반 교사	1.86	1.067	45.4%	40.1%	12.1%	2.4%	614
	조합원	3.87	1.060	2.4%	16.3%	54.5%	26.8%	492
연령**	20대	2.01	1.219	44.8%	33.8%	17.9%	3.4%	145
	30대	2.62	1.462	30.6%	29.1%	28.3%	12.0%	350
	40대	2.97	1.434	19.2%	30.6%	34.4%	15.8%	360
	50대 이상	3.08	1.453	19.5%	25.6%	37.4%	17.5%	246
전체		2.76	1.460	26.3%	29.5%	30.9%	13.3%	1,101

* '전혀 그렇지 않다' 1점, '매우 그렇다' 5점으로 환산한 값임.
** $p < 0.05$

〈표 3-10〉 전교조 활동에 관한 정보 획득 통로 (3) - 대중매체

		평균*	표준편차	전혀 그렇지 않다	별로 그렇지 않다	대체로 그렇다	매우 그렇다	유효 사례 수
구분**	일반 교사	3.38	1.171	9.3%	21.1%	61.9%	7.8%	616
	조합원	3.24	1.213	4.3%	38.1%	44.3%	13.2%	485
전체		3.31	1.190	6.8%	29.6%	53.1%	10.5%	1,101

* '전혀 그렇지 않다' 1점, '매우 그렇다' 5점으로 환산한 값임.
** $p < 0.05$

교사보다 조합원의 경우가 월등하게 높게 나타났다. 이는 전교조 조합원들이 정기 구독하는 ≪교육희망≫이 전교조에 관한 중요한 정보 획득원임을 확인해주고 있다. 조합원 동료 교사를 통해 정보를 얻는 정도는 높은 연령층, 여성, 초등학교가 더 높다. 그리고 ≪교육희망≫이나 전교조 홈페이지를 통해 정보를 얻는 정도는 높은 연령층이, SNS를 통해 정

<표 3-11> 전교조 활동에 관한 정보 획득 통로 (4) - SNS

		평균*	표준편차	전혀 그렇지 않다	별로 그렇지 않다	대체로 그렇다	매우 그렇다	유효 사례 수
구분**	일반 교사	2.01	1.105	37.1%	45.1%	15.0%	2.8%	614
	조합원	3.08	1.371	14.8%	31.1%	39.5%	14.6%	486
급별**	초등학교	2.71	1.456	26.4%	31.8%	28.3%	13.6%	258
	중학교	2.45	1.276	23.9%	45.2%	23.9%	7.0%	330
	고등학교	2.39	1.307	30.0%	38.5%	25.6%	5.9%	507
전체		2.48	1.339	27.3%	38.9%	25.8%	8.0%	1,099

* '전혀 그렇지 않다' 1점, '매우 그렇다' 5점으로 환산한 값임.
** p〈0.05

<표 3-12> 전교조 활동에 관한 정보 획득 통로 (5) - 전교조 홈페이지

		평균*	표준편차	전혀 그렇지 않다	별로 그렇지 않다	대체로 그렇다	매우 그렇다	유효 사례 수
구분**	일반 교사	1.46	0.776	65.3%	29.7%	4.2%	0.8%	613
	조합원	2.41	1.291	25.6%	45.3%	20.9%	8.2%	488
연령**	20대	1.53	0.892	63.2%	29.2%	6.3%	1.4%	144
	30대	1.77	1.033	49.3%	39.0%	8.5%	3.1%	351
	40대	1.94	1.191	45.7%	37.0%	12.0%	5.3%	357
	50대 이상	2.15	1.266	38.5%	37.3%	18.9%	5.3%	244
성별**	남	2.02	1.239	43.9%	35.8%	14.6%	5.7%	424
	여	1.79	1.062	50.0%	37.1%	9.8%	3.1%	676
전체		1.88	1.140	47.7%	36.6%	11.6%	4.1%	1,096

* '전혀 그렇지 않다' 1점, '매우 그렇다' 5점으로 환산한 값임.
** p〈0.05

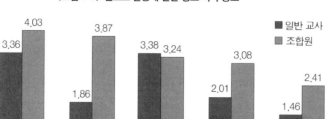

〈그림 3-5〉 전교조 활동에 관한 정보 획득 통로

* '전혀 그렇지 않다' 1점, '매우 그렇다' 5점으로 환산한 값임.
** p〈0.05

보를 얻는 정도는 초등학교가 더 높다. 〈그림 3-5〉는 전교조 활동에 관한 정보를 얻는 여러 통로를 비교한 것이다.

6. 전교조 활동에 대한 관심도

전교조가 주관하는 여러 가지 행사에 참여하는 정도를 통해 일반 교사와 조합원의 전교조 활동에 대한 관심도를 살펴보았다.

집회 참여는 일반 교사는 3.8%로 매우 저조한 반면, 조합원의 경우는 48.2%가 집회 참여 경험이 있다. 연령별로는 40대가, 성별로는 남성이, 학교 급별로는 초등학교가 상대적으로 참여도가 높다(〈표 3-13〉).

서명운동의 경우는 조합원은 참여율이 93%에 달하며, 일반 교사의 경우도 56.7%로 절반을 넘는다. 연령별로는 40대가 높은 반면, 20대는

<표 3-13> 집회 참여

(단위: %)

		있다	없다	전체(유효 사례 수)
구분**	일반 교사	3.8	96.2	100.0(604)
	조합원	48.2	51.8	100.0(483)
연령**	20대	8.3	91.7	100.0(144)
	30대	18.7	81.3	100.0(348)
	40대	31.5	68.5	100.0(352)
	50대 이상	28.2	71.8	100.0(238)
성별**	남	29.2	70.8	100.0(415)
	여	20.1	79.9	100.0(671)
급별**	초등학교	30.9	69.1	100.0(259)
	중학교	20.9	79.1	100.0(325)
	고등학교	21.4	78.6	100.0(499)
전체		23.6	76.4	100.0(1,087)

** p〈0.05

<표 3-14> 서명운동

(단위: %)

		있다	없다	전체(유효 사례 수)
구분**	일반 교사	56.7	43.3	100.0(607)
	조합원	93.0	7.0	100.0(483)
연령**	20대	50.0	50.0	100.0(144)
	30대	71.4	28.6	100.0(350)
	40대	79.9	20.1	100.0(353)
	50대 이상	77.7	22.3	100.0(238)
전체		72.8	27.2	100.0(1,090)

** p〈0.05

〈표 3-15〉 연수(원격 연수, 직무 연수, 자율 연수)

(단위: %)

		있다	없다	전체(유효 사례 수)
구분**	일반 교사	16.7	83.3	100.0(605)
	조합원	46.7	53.3	100.0(484)
연령**	20대	18.1	81.9	100.0(144)
	30대	29.0	71.0	100.0(348)
	40대	36.7	63.3	100.0(354)
	50대 이상	28.6	71.4	100.0(238)
급별**	초등학교	43.2	56.8	100.0(259)
	중학교	27.9	72.1	100.0(326)
	고등학교	24.4	75.6	100.0(500)
전체		30.0	70.0	100.0(1,089)

** p〈0.05

〈표 3-16〉 교과, 주제, 지회 소모임

(단위: %)

		있다	없다	전체(유효 사례 수)
구분**	일반 교사	7.8	92.2	100.0(602)
	조합원	49.1	50.9	100.0(485)
연령**	20대	13.2	86.8	100.0(144)
	30대	26.6	73.4	100.0(346)
	40대	31.2	68.8	100.0(353)
	50대 이상	25.9	74.1	100.0(239)
성별**	남	29.7	70.3	100.0(418)
	여	24.1	75.9	100.0(668)
급별**	초등학교	34.9	65.1	100.0(258)
	중학교	24.8	75.2	100.0(326)
	고등학교	22.6	77.4	100.0(499)
전체		26.2	73.8	100.0(1,087)

** p〈0.05

<표 3-17> 북콘서트나 영화제와 같은 문화행사

(단위: %)

		있다	없다	전체(유효 사례 수)
구분**	일반 교사	10.2	89.8	100.0(600)
	조합원	40.2	59.8	100.0(483)
연령**	20대	12.7	87.3	100.0(142)
	30대	19.0	81.0	100.0(347)
	40대	28.9	71.1	100.0(353)
	50대 이상	28.7	71.3	100.0(237)
전체		23.5	76.5	100.0(1,083)

** p〈0.05

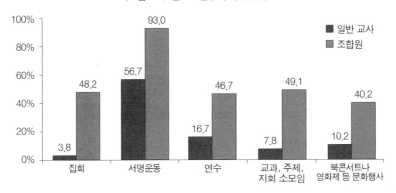

〈그림 3-6〉 전교조 활동에 대한 관심도

* '참여한다'의 비율
** p〈0.05

현저히 낮다(〈표 3-14〉).

각종 연수(원격연수, 직무연수, 자율연수)의 경우 일반 교사는 참여율이 16.6%, 조합원은 46.7%로 나타났다. 연령별로는 40대가, 학교 급별로는 초등학교가 참여도가 높다(〈표 3-15〉).

교과, 주제, 지회 각종 소모임의 경우 일반 교사는 참여율이 7.8%에 불과하며, 조합원은 49.1%로 나타났다. 연령별로는 40대가 적극적이고 20대가 소극적이며, 성별로는 남성이, 학교 급별로는 초등학교가 적극적이다(〈표 3-16〉).

북콘서트나 영화제와 같은 문화행사의 경우는 참여율이 일반 교사가 10.2%, 조합원이 40.2%로 다른 활동보다 상대적으로 차이가 작다. 연령별로는 40대의 참여도가 높고 20대의 참여도가 낮다(〈표 3-17〉).

〈그림 3-6〉은 전교조가 주관하는 각종 행사 참여도를 한눈에 비교할 수 있도록 한 것이다.

7. 전교조 분회의 교육환경 개선 기여도

'전교조 분회는 학교의 교육환경을 바꾸는 데 얼마나 기여하고 있는 가'라는 문항에 대해서는 긍정적인 응답이 65.0%인 데 비해 부정적인 응답은 11.8%로 상당히 긍정적이다. 5점 척도로 일반 교사가 3.55점인 데 비해 조합원이 3.74점으로 더 긍정적인 것은 조합원 정체성이 높다는 것을 나타낸다. 학교 급별로 보면 중학교가 가장 높고 고등학교가 가장 낮다(〈표 3-18〉).

시기별로 보면, 2005년에는 일반 교사와 조합원 모두에서 3.61점으로 긍정적인 평가가 높았으나, 2009년에는 일반 교사는 3.42점, 조합원은 3.29점으로 상당히 떨어졌다가 2014년에는 일반 교사는 3.55점으로 거의 2005년 수준으로 다시 회복되고 있으며, 조합원의 경우는 3.74점

〈표 3-18〉 전교조 분회의 교육환경 개선 기여도

		평균*	표준편차	거의 바꾸지 못하고 있다	별로 바꾸지 못하고 있다	그저 그렇다	약간은 바꾸고 있다	많이 바꾸고 있다	유효 사례 수
구분**	일반 교사	3.55	0.962	4.6%	7.5%	28.2%	47.3%	12.4%	603
	조합원	3.74	0.996	4.9%	6.4%	16.9%	53.1%	18.7%	486
급별**	초등학교	3.77	1.049	5.7%	6.5%	14.9%	50.6%	22.2%	261
	중학교	3.81	0.919	2.8%	6.2%	17.7%	53.4%	19.9%	322
	고등학교	3.45	0.955	5.6%	7.8%	30.9%	47.2%	8.6%	502
전체		3.64	0.982	4.8%	7.0%	23.1%	49.9%	15.2%	1,088

* '거의 바꾸지 못하고 있다' 1점, '많이 바꾸고 있다' 5점으로 환산한 값임.
** p〈0.05

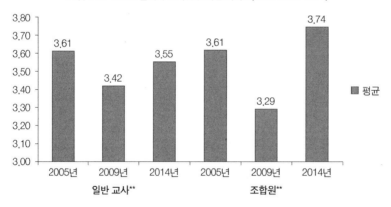

〈그림 3-7〉 전교조 분회의 교육환경 개선 기여도(2005-2009-2014)

* '거의 바꾸지 못하고 있다' 1점, '많이 바꾸고 있다' 5점으로 환산한 값임.
** p〈0.05

으로 2005년보다 오히려 더 긍정적인 것으로 나타났다(〈그림 3-7〉). 이는 합법화 이후 분회 활동이 상대적으로 위축되다가 최근 전교조의 대정부 투쟁이 활발해진 것을 반영하는 것으로 보인다. 일반 교사보다 조합원의 경우가 평가 등락의 폭이 더 큰 것은 분회 활동에 대한 체감도의 차이를 반영하는 것으로 해석할 수 있다.

8. 소결

교사들은 노동조합 형태의 교원단체의 필요성에 대해서는 당연한 것으로 여기고 있는 것으로 나타났다. 조합원은 말할 것도 없고 전교조에 가입하지 않은 교사들도 다수가 교원 노동조합의 필요성에 공감하고 있으며 이러한 인식은 10년 전에 비해 더 확고해졌다. 그리고 전교조 활동 전반에 대한 평가도 일반 교사와 조합원 모두에서 대체로 긍정적으로 나타났다. 이는 최근 박근혜 정부의 대대적인 탄압에도 불구하고 전교조가 전체 교사들을 대표하는 대중조직으로서의 정체성을 확보했다는 것을 보여준다. 노동조합 형태의 교사 대중조직에 대한 주체적 회의론과 외부의 이데올로기 공세를 잘 견디고 전교조는 이제 합법과 비합법 논란과 별도로 확고한 정당성을 획득했다고 볼 수 있다.

교사들 사이에서 전교조의 사회적 위상에 대한 주관적 인식은 상대적으로 낮은 한편, 전교조 조합원 교사들에 대한 평판은 상대적으로 높은 편으로 나타났다. 조합원 교사들에 대한 평판이 높은 데 비해 전교조의 사회적 위상에 대한 평가가 상대적으로 낮은 것은 전교조에 대한 교사들의 주관적 기대와 현실적 위상 사이의 괴리가 표현된 것이라고 해석할 수 있다. 2005년부터 2014년에 이르는 동안 일반 교사들은 전교조의 사회적 위상에 대한 평가가 부정적으로 되어온 데 비해, 조합원의 경우는 2009년에 하락했다가 2014년에는 어느 정도 회복되었는데, 이는 최근 대정부 투쟁에 대한 자긍심을 반영하는 것이라고 해석할 수 있다.

교사들이 전교조 활동에 관한 정보를 얻는 가장 주요한 통로는 조합원 동료들이다. 그 외에 정보를 얻는 매체는 연령별로 상당한 차이를 보이고 있다. 높은 연령층에서는 전통적인 매체인 신문, 홈페이지 등을 상대적으로 자주 이용하는 반면, 젊은 연령층에서는 SNS를 이용하는 비율이 높다. 전교조가 새로운 활력을 얻기 위해서는 홍보 전략에서 변화의 노력이 요구된다고 하겠다.

전교조가 주관하는 행사에 대한 관심은 일반 교사와 조합원 사이에 격차가 크다. 서명운동이나 연수, 문화행사와 같이 비교적 가볍게 참여할 수 있는 활동에는 일반 교사와 조합원 사이의 격차가 상대적으로 크지 않지만, 집회나 소모임 등 주체적 결의가 다소 필요한 활동에서는 둘 사이의 격차가 매우 크다. 전교조 행사의 기획에서 각종 행사의 주요 목표 대상을 조합원으로 할 것인지 일반 교사로 할 것인지 판단이 필요한 대목이다. 행사 참여에서 낮은 연령층일수록 참여도가 낮은데, 젊은 교사들의 참여를 유도할 수 있는 기획도 중요해 보인다.

전교조 분회가 단위 학교의 교육환경 개선에는 여전히 크게 기여하고 있는 것으로 나타났다. 분회 활동이 2009년 조사에서는 2005년 조사 때보다 침체된 것으로 나타났으나 2014년 조사에서 일반 교사의 경우 회복세로 돌아서고 조합원의 경우는 오히려 더 커졌는데, 이는 최근 전교조의 대정부 투쟁을 반영하는 것으로 보인다. 앞으로도 전교조 활동의 무게 중심을 분회 활동에 두어야 할 것으로 보인다.

1. 임금 만족도

　교사들이 교직 생활에 대해 어떻게 느끼는지 알아보기 위해 임금, 직장 안정성, 사회적 지위에 대한 만족도를 조사했다. 우선 현재 임금 수준에 만족하는 응답은 20.9%로 불만족인 응답 40.8%보다 낮았으며 '보통이다'라고 응답한 비율이 38.3%로 나타났다. 임금 만족도는 일반 교사와 조합원 사이에 통계적으로 유의미한 차이가 없었다. 연령별로는 30대가 만족도가 가장 낮고 50대 이상이 가장 높았으며, 학교 급별로는 중학교가 가장 낮고 초등학교가 가장 높게 나타났다(〈표 4-1〉).

　시기별로 비교해보면 5점 척도의 평균 점수가 일반 교사의 경우는 2005년 2.89점, 2009년 2.75점에서 2014년에는 2.70점으로 떨어졌고, 조합원의 경우는 2005년 2.85점에서 2009년에는 2.87점으로 약간 올라

<표 4-1> 임금 만족도

		평균*	표준 편차	전혀 그렇지 않다	그렇지 않은 편이다	보통 이다	그런 편이다	매우 그렇다	유효 사례 수
구분	일반 교사	2.70	0.967	11.1%	31.2%	35.5%	20.7%	1.4%	628
	조합원	2.70	0.916	10.9%	28.1%	41.8%	18.6%	0.6%	495
연령**	20대	2.74	0.940	7.5%	35.6%	34.2%	20.5%	2.1%	146
	30대	2.58	0.965	14.0%	33.1%	34.3%	17.7%	0.8%	356
	40대	2.71	0.922	10.4%	28.3%	41.8%	18.4%	1.1%	364
	50대 이상	2.83	0.940	9.9%	23.4%	41.3%	24.6%	0.8%	252
급별**	초등학교	2.89	0.976	9.5%	24.2%	35.6%	29.5%	1.1%	264
	중학교	2.53	0.927	13.7%	35.1%	36.9%	13.1%	1.2%	336
	고등학교	2.72	0.922	10.0%	29.5%	40.2%	19.3%	1.0%	518
전체		2.70	0.944	11.0%	29.8%	38.3%	19.8%	1.1%	1,122

* '전혀 그렇지 않다' 1점, '매우 그렇다' 5점으로 환산한 값임.
** p⟨0.05

<그림 4-1> 임금 만족도(2005-2009-2014)

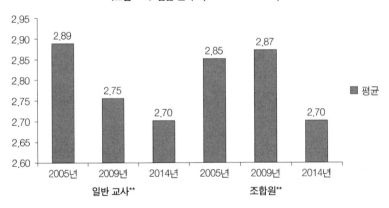

* '전혀 그렇지 않다' 1점, '매우 그렇다' 5점으로 환산한 값임.
** p⟨0.05

갔다가 2014년에는 2.70점으로 떨어져 임금 만족도가 전반적으로 하락한 것으로 나타났다(〈그림 4-1〉). 이는 2008년의 경제 위기 이후 침체 국면이 계속되면서 공무원 봉급 인상률이 낮았던 것을 반영하는 것으로 보인다.

2. 직장 안정성

직장 안정성에 대한 만족도는 긍정적인 응답이 39.9%로 부정적인 응답 22.8%보다 높게 나타났다. 5점 척도로 보면 일반 교사의 만족도가

〈표 4-2〉 직장 안정성

		평균*	표준편차	전혀그렇지않다	그렇지않은편이다	보통이다	그런편이다	매우그렇다	유효사례 수
구분**	일반 교사	3.22	0.961	4.8%	16.6%	36.4%	35.8%	6.4%	626
	조합원	3.09	0.936	6.0%	18.5%	38.3%	34.3%	2.8%	496
연령**	20대	3.55	0.997	4.1%	11.0%	24.7%	46.6%	13.7%	146
	30대	3.08	0.944	5.9%	19.4%	38.3%	33.0%	3.4%	355
	40대	3.06	0.938	6.0%	19.2%	40.7%	30.5%	3.6%	364
	50대 이상	3.21	0.902	4.4%	15.5%	38.1%	38.5%	3.6%	252
급별**	초등학교	3.36	0.907	3.8%	12.1%	34.7%	43.4%	6.0%	265
	중학교	3.11	0.943	5.1%	20.3%	37.0%	33.7%	3.9%	335
	고등학교	3.11	0.968	6.2%	18.6%	38.3%	32.1%	4.8%	517
전체		3.17	0.952	5.3%	17.5%	37.3%	35.1%	4.8%	1,121

* '전혀 그렇지 않다' 1점, '매우 그렇다' 5점으로 환산한 값임.
** p〈0.05

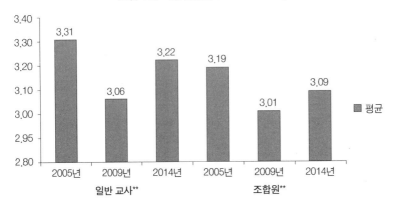

〈그림 4-2〉 직장 안정성(2005-2009-2014)

* '전혀 그렇지 않다' 1점, '매우 그렇다' 5점으로 환산한 값임.
** $p < 0.05$

3.22점으로 조합원 3.09점보다 높았다. 연령별로는 20대와 50대 이상에서 상대적으로 만족도가 높고 30대와 40대에서 상대적으로 낮았으며, 학교 급별로는 초등학교가 상대적으로 더 높게 나타났다(〈표 4-2〉). 직장 안정성 만족도는 임금 만족도나 사회적 지위 만족도보다 훨씬 높았는데, 이는 경제 위기 이후 교직이 안정적이라는 객관적인 사회적 평가가 높아진 것이 직접적으로 반영된 결과로 해석된다.

시기별로 비교해보면 5점 척도의 평균 점수가 일반 교사의 경우는 2005년 3.31점, 2009년 3.06점에서 2014년에는 3.22점으로, 조합원의 경우는 2005년 3.19점에서 2009년 3.01점, 2014년에는 3.09점으로 하락했다가 다시 상승하는 곡선을 그리고 있다(〈그림 4-2〉). 이는 2009년 당시 이명박 정부의 강화된 신자유주의 공세로 직장 안정감이 상당히 떨어졌다가 교원 평가 투쟁과 성과급 반대 투쟁 등으로 일정 정도 불안감이 회복된 것으로 해석할 수 있다.

3. 사회적 지위 만족도

사회적 지위 만족도는 긍정적인 응답이 30.9%, 부정적인 응답이 26.3%로 직장 안정성 만족도보다는 낮지만 임금 만족도보다는 약간 높게 나타났다. 조합원보다 일반 교사의 만족도가 높게 나타나는데 이는 교직의 사회적 지위에 대한 기대치의 차이를 반영하는 것으로 보인다. 연령별 교차분석에서는 젊은 연령층일수록 사회적 지위 만족도가 높은 것으로 나타났다(〈표 4-3〉).

시기별로 비교해보면 직장 안정성 만족도와 비슷한 경향을 보였다. 일반 교사의 경우 5점 척도의 평균 점수가 2005년의 3.00점에서 2009년에는 2.98점으로 약간 떨어졌다가 2014년에는 3.08점으로 다시 올라갔다. 조합원의 경우도 2005년의 2.97점에서 2009년에는 2.92점으로 약간 떨어졌다가 2014년에는 2.93점으로 다시 올라갔다. 이 또한 이명

〈표 4-3〉 사회적 지위 만족도

		평균*	표준편차	전혀 그렇지 않다	그렇지 않은 편이다	보통이다	그런 편이다	매우 그렇다	유효 사례 수
구분**	일반 교사	3.08	0.923	5.6%	18.5%	42.1%	30.1%	3.7%	627
	조합원	2.93	0.908	6.9%	22.4%	43.3%	25.6%	1.8%	496
연령**	20대	3.45	0.839	1.4%	11.0%	36.3%	43.8%	7.5%	146
	30대	2.98	0.940	6.7%	22.2%	40.4%	27.8%	2.8%	356
	40대	2.93	0.911	7.4%	21.4%	44.0%	25.5%	1.6%	364
	50대 이상	2.95	0.880	6.3%	20.2%	47.6%	23.8%	2.0%	252
전체		3.02	0.919	6.1%	20.2%	42.7%	28.1%	2.8%	1,118

* '전혀 그렇지 않다' 1점, '매우 그렇다' 5점으로 환산한 값임.
** p〈0.05

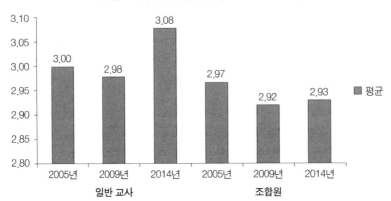

〈그림 4-3〉 사회적 지위 만족도(2005-2009-2014)

* '전혀 그렇지 않다' 1점, '매우 그렇다' 5점으로 환산한 값임.
** p〈0.05

박 정부 시기의 강화된 신자유주의 공세와 최근의 전교조 투쟁의 효과
가 반영된 것으로 보인다(〈그림 4-3〉).

4. 학교의 민주적 운영

'학교가 민주적으로 운영되고 있다'라는 문항에 대해 긍정적인 응답
이 32.8%, 부정적인 응답이 32.2%로 긍정적인 응답이 약간 우세하지만
5점 척도의 평균값은 2.97점으로 부정적인 견해가 다소 높아 긍정과 부
정이 팽팽하다고 할 수 있다. 5점 척도로 보면 일반 교사의 경우는 3.05
점으로 조합원 2.86점보다 더 긍정적이며, 학교 급별로는 초등학교와
중학교가 고등학교보다 더 긍정적이다(〈표 4-4〉).

<표 4-4> 학교의 민주적 운영

		평균*	표준편차	전혀 그렇지 않다	그렇지 않은 편이다	보통이다	그런 편이다	매우 그렇다	유효 사례 수
구분**	일반 교사	3.05	1.002	7.0%	21.4%	36.4%	29.9%	5.3%	626
	조합원	2.86	1.061	11.3%	25.7%	33.0%	25.5%	4.5%	494
급별**	초등학교	3.16	1.121	8.3%	21.2%	26.9%	33.7%	9.8%	264
	중학교	3.16	0.984	5.7%	18.2%	36.7%	33.1%	6.3%	335
	고등학교	2.75	0.971	11.2%	27.7%	37.8%	21.7%	1.6%	516
전체		2.97	1.033	8.9%	23.3%	34.9%	27.9%	4.9%	1,119

* '전혀 그렇지 않다' 1점, '매우 그렇다' 5점으로 환산한 값임.
** p<0.05

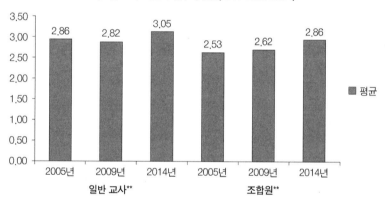

〈그림 4-4〉 학교의 민주적 운영(2005-2009-2014)

* '전혀 그렇지 않다' 1점, '매우 그렇다' 5점으로 환산한 값임.
** p<0.05

시기별로 비교해보면 일반 교사의 경우는 5점 척도의 평균 점수가 2005년 2.86점에서 2009년에는 2.82점으로 떨어졌다가 2014년에는 3.05점으로 올라갔으며, 조합원의 경우는 2005년 2.53점에서 2009년에

<표 4-5> 학생 교육 활동 만족도

		평균*	표준 편차	전혀 그렇지 않다	그렇지 않은 편이다	보통 이다	그런 편이다	매우 그렇다	유효 사례 수
구분**	일반 교사	3.13	0.911	4.0%	19.2%	41.5%	30.6%	4.7%	621
	조합원	2.91	1.019	8.7%	25.8%	35.8%	25.0%	4.7%	492
급별**	초등학교	3.25	1.035	6.5%	15.0%	34.2%	35.0%	9.2%	260
	중학교	3.18	0.979	5.1%	18.9%	35.3%	34.4%	6.3%	334
	고등학교	2.82	0.871	6.4%	28.0%	43.8%	20.6%	1.2%	514
전체		3.03	0.965	6.1%	22.1%	39.0%	28.1%	4.7%	1,112

* '전혀 그렇지 않다' 1점, '매우 그렇다' 5점으로 환산한 값임.
** p<0.05

는 2.62, 2014년에는 2.86점으로 계속 높아졌다(〈그림 4-4〉). 이처럼 학교의 민주적 운영에 대한 만족도가 전반적으로 높아지는 경향이 있는 것은 전교조 활동, 학교운영위원회 활동 등으로 일선 학교 현장의 운영이 다소나마 민주화되어 가고 있다고 해석할 수 있다.

5. 학생 교육 활동 만족도

'학교의 학생 교육 활동에 만족한다'라는 문항에 대해서는 긍정적인 응답이 32.8%, 부정적인 응답 28.2%로 긍정적인 응답이 약간 많았다. 5점 척도의 평균값을 보면 조합원은 2.91점으로 불만족이 더 높은 데 비해 일반 교사는 3.13점으로 만족이 더 높게 나타났다. 학교 급별로는 초등학교의 만족도가 가장 높고 중학교, 고등학교 순으로 나타났다(〈표

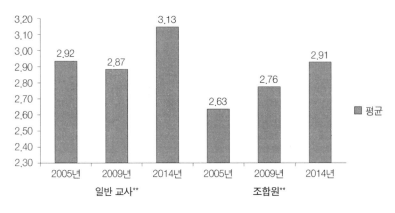

〈그림 4-5〉 학생 교육 활동 만족도(2005-2009-2014)

4-5〉).

시기별로 비교해보면 학교의 민주적 운영에 대한 만족도와 거의 같은 경향을 보였다. 일반 교사의 경우는 5점 척도의 평균 점수가 2005년 2.92점에서 2009년에는 2.87점으로 떨어졌다가 2014년에는 3.13점으로 올라갔으며, 조합원의 경우는 2005년 2.63점에서 2009년에는 2.76점, 2014년에는 2.91점으로 계속 상승하는 경향을 보였다(〈그림 4-5〉).

6. 소결

교사들은 교직 생활에 대해 임금을 제외하면 직장 안정성, 사회적 지위, 학교의 민주적 운영, 학생 교육 활동 등에 대체로 만족하고 있는 것

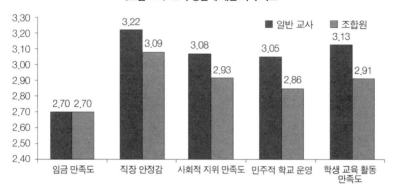

<그림 4-6> 교직 생활에 대한 의식 비교

■ 일반 교사 ■ 조합원

* '전혀 그렇지 않다' 1점, '매우 그렇다' 5점으로 환산한 값임.
** p<0.05

으로 나타났다. 〈그림 4-6〉은 교직 생활에 대한 만족도를 한눈에 비교할 수 있게 나타낸 것이다. 모든 항목에서 일반 교사보다 전교조 조합원의 만족도가 상대적으로 낮은 것은 교직 생활에 대한 기대치의 차이를 반영하고 있는 것으로 보인다. 조합원이 일반 교사보다 교직 생활에 대한 헌신과 기대가 더 크기 때문에 그러한 기대에 미치지 못하는 학교 현실에 대해 상대적으로 만족도가 떨어지는 것이다. 그럼에도 전체적으로 보면 조합원들도 교직 생활에 대체로 만족하고 있는 것을 알 수 있다.

지난 10년간 교직 생활에 대한 만족도 변화 추이를 보면 임금 만족도를 제외하면 모든 항목에서 비슷한 경향성을 발견할 수 있다(〈그림 4-7〉). 직장 안정성과 사회적 지위 만족도는 조합원과 일반 교사를 막론하고 2005년에는 상당히 높던 것이 2009년에는 일제히 떨어졌다가 2014년에는 다시 회복되는 경향을 관찰할 수 있다. 이러한 경향은 이명박 정부의 전면적인 신자유주의 공세에 위축되었던 교사들이 성과급 투

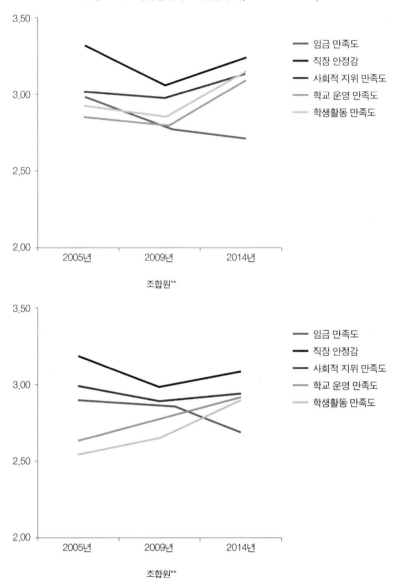

〈그림 4-7〉 교직 생활 만족도 시기별 추이(2005-2009-2014)

조합원**

조합원**

* '전혀 그렇지 않다' 1점, '매우 그렇다' 5점으로 환산한 값임.
** p⟨0.05

쟁이나 박근혜 정부의 전면적 탄압에 대한 최근 전교조의 대응 투쟁을 통해 어느 정도 자신감을 회복하면서 나타난 현상으로 해석할 수 있다.

그리고 학교의 민주적 운영과 학생 교육 활동 만족도는 일반 교사의 경우에는 2005년에는 만족도가 높았으나 2009년에는 떨어졌다가 2014년에는 다시 회복되는 반면에 조합원의 경우에는 갈수록 만족도가 커지는 경향을 관찰할 수 있다. 이러한 경향은 약 10년간의 교육 정세의 변화를 반영하는 것이기도 하지만 다른 한편 전교조 조합원이 일반 교사보다 학교 현장에 갈수록 더 밀착되어 가고 있음을 시사하는 것이기도 하다.

제2부
전교조 조합원과 활동가

제5장

전교조 조합원의 의식과 활동

1. 전교조 가입 시기

현재 전교조가 안고 있는 가장 큰 과제 가운데 하나는 조합원 수의 감소 문제이다. 1989년 약 1만 명의 조합원을 가지고 법외노조로 출범한 전교조는 정부의 탄압으로 1,500명에 달하는 대규모 해직 사태와 복직 투쟁을 거쳐 1999년에 합법화되었다. 합법화 이후 몇 년간 조합원 수는 비약적으로 증가해서 10만 명에 육박하여 한국에서 최대의 단일 노동조합이 되었으나 2003년을 고비로 조합원 수가 점차 줄어들어 2014년 현재 약 5만 4,000명 정도이다(〈그림 5-1〉). 그나마 다행인 것은 감소 추세가 진정되고 있다는 점이다.

이러한 조합원 감소 추세는 현재 조합원의 전교조 가입 시기에 반영되어 있다. 현재 조합원의 전교조 가입 시기는 1999년 합법화 이전에 가

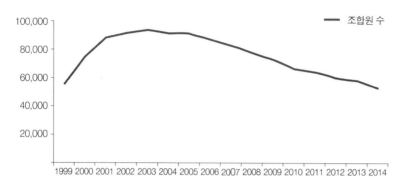

〈그림 5-1〉 조합원 수 변동 추이

자료: 『전교조 대의원대회 자료집』, 각 연도에서 작성.

입한 조합원이 30.6%, 합법화 이후 2002년까지 가입한 조합원이 34.4%, 2002년 이후 가입한 조합원이 35.0%로 1999년과 2002년을 기준으로 대체로 삼분된다(〈표 5-1〉). 2008년과 2013년을 기준으로 소시기로 나누었는데, 2008년은 이명박 정부가 본격적인 신자유주의 정책을 밀어붙인 시기이고, 2013년은 박근혜 정부가 해직 교사 조합원 자격을 빌미로 전교조 법외노조화를 획책한 때여서 조합원 가입이 급증했기 때문이다. 이때 새로 가입한 교사들의 성향을 파악하는 것은 대단히 중요하다고 판단된다.

연령이 높을수록 가입 시기가 오래된 것은 충분히 예상할 수 있다. 성별로 보면 남성은 가입 시기가 오래된 조합원이 상대적으로 많은 반면, 여성은 가입 시기가 상대적으로 최근이다. 남성보다 여성이 새로 가입하는 조합원이 상대적으로 많다는 말이다. 급별로 보면 초등학교와 고등학교가 최근에 가입한 조합원이 다소 많지만 통계적으로 유의하지는

<표 5-1> 전교조 가입 시기

(단위: %)

		합법화 (1999년) 이전	1999~ 2002년	2003~ 2007년	2008~ 2012년	2013년~	전체 (유효 사례 수)
구분**	조합원	30.6	34.4	14.3	11.6	9.1	100.0(483)
	활동가	34.3	35.2	18.6	11.0	0.9	100.0(429)
연령**	20대	0.0	0.0	7.1	50.0	42.9	100.0(42)
	30대	5.3	34.6	35.8	17.1	7.3	100.0(246)
	40대	39.1	40.2	10.0	8.4	2.4	100.0(371)
	50대 이상	60.1	33.1	3.9	1.1	1.7	100.0(178)
성별**	남	37.4	34.6	14.7	7.8	5.5	100.0(422)
	여	25.4	35.7	17.7	15.1	6.0	100.0(417)
전체		32.3	34.8	16.3	11.3	5.3	100.0(912)

** p<0.05

않았다.

2005년 조사에서 조합원 가입 시기와 비교해보면 그때에도 1999년 합법화 이전 시기에 가입한 조합원이 32.5%에 불과하고 합법화 이후 가입한 조합원이 67.1%였는데, 이 수치는 이번 조사에서도 비슷하다. 이는 2005년 이후 약 10년간 전교조 합법화 이전 가입한 조합원의 정년이나 탈퇴로 인한 감소를 상쇄할 만큼 신규 조합원의 가입이 많지 않았다는 것을 통계적으로 보여주고 있다.

또한 현재 일반 조합원과 활동가의 가입 시기를 비교해보면 둘 사이에 별로 차이가 없는데, 2005년에는 합법화 이전에 가입한 활동가가 60.9%였는 데 비해 2014년 조사에서는 그 비율이 34.5%로 줄어들어 활동가의 세대교체는 어느 정도 이루어진 것으로 보인다.

<표 5-2> 전교조 가입 계기

(단위: %)

구분		선배, 동료 교사의 권유로	부당한 일을 당해서	평소 소신으로	가입 홍보물을 보고	전교조 탄압 국면에 힘을 보태기 위해	전교조 행사에 참여하고 나서
구분	조합원	38.4	4.6	58.1	0.4	6.9	1.0
	활동가	26.5	4.5	73.2	0.9	7.6	2.6
연령	20대	55.8	2.3	53.5	0.0	16.3	0.0
	30대	40.7	3.3	61.0	0.8	4.1	1.7
	40대	28.2	4.9	66.8	0.5	6.0	1.9
	50대 이상	27.7	5.6	67.8	1.1	11.3	2.8
성별	남	25.9	4.1	73.9	0.7	6.2	1.2
	여	40.6	4.9	55.3	0.7	8.1	2.7
급별	초등학교	28.8	2.3	68.9	0.8	6.4	2.7
	중학교	36.3	4.6	59.5	1.7	11.0	3.4
	고등학교	34.9	5.6	64.8	0.0	4.9	0.3
가입 시기	합법화(1999년) 이전	24.2	2.4	74.7	1.0	8.5	2.7
	1999~ 2002년	34.5	3.5	61.4	0.9	6.0	1.3
	2003~ 2007년	39.9	7.0	62.2	0.0	4.2	0.7
	2008~ 2012년	35.6	9.9	61.4	0.0	3.0	3.0
	2013년~	47.8	6.5	47.8	0.0	26.1	0.0

2. 전교조 가입 계기

전교조에 가입한 계기를 묻는 질문에는 58.1%가 '평소 소신으로', 38.4%가 '선배·동료 교사의 권유로'가 가입하게 되었다고 응답하여 압도적으로 많았다(〈표 5-2〉). 평소의 소신에 작용하는 요인은 너무 많아 통제하기 어렵기 때문에 특별한 대책을 세우기가 어렵다고 한다면, 신규 조합원 가입을 위해서는 현재 조합원들의 적극적인 권유가 대단히 중요함을 알 수 있다. 특히 연령별로 보면 젊은 연령층일수록 선배나 동료 교사의 권유가 더 큰 영향을 미친다는 것을 알 수 있다. 그리고 남성보다 여성이 선배·동료 교사의 권유에 더 민감하게 반응한 것으로 나타난다.

특기할 만한 것은 2013년 이후 가입한 조합원의 경우 '전교조 탄압 국면에 힘을 보태기 위해서' 가입했다는 조합원이 26.1%에 달해 이전에 가입한 조합원들보다 현저히 높은 응답률을 보였다. 최근의 대정부 투쟁이 오히려 신규 조합원 확보에 유리한 조건을 창출한 역설이 벌어진 것으로 보인다.

3. 전교조 활동 참여도

전교조 활동에 대한 조합원의 참여는 분회, 지회, 지부, 전국 행사, 교과 모임, 교사 서명 등 여러 수준에 걸쳐 있다.

분회는 대중조직으로서 전교조의 토대 조직으로 어느 단위보다 중요

		평균*	표준 편차	전혀 참여하지 않는다	거의 참여하지 않는다	가끔 참여 한다	자주 참여하는 편이다	거의 참여 한다	유효 사례 수
구분**	조합원	3.77	1.274	6.2%	12.3%	21.0%	19.1%	41.4%	486
	활동가	4.67	0.715	0.7%	2.2%	3.6%	16.4%	77.1%	415
연령**	20대	3.81	1.313	6.4%	17.0%	6.4%	29.8%	40.4%	47
	30대	4.01	1.203	4.5%	8.2%	19.8%	16.9%	50.6%	243
	40대	4.22	1.133	3.6%	7.4%	12.0%	17.8%	59.3%	366
	50대 이상	4.26	1.128	3.4%	7.3%	11.7%	15.1%	62.6%	179
성별**	남	4.39	1.027	2.2%	6.5%	8.4%	16.5%	66.4%	417
	여	3.90	1.248	5.7%	9.8%	19.4%	18.9%	46.2%	418
가입 시기**	합법화(1999년) 이전	4.50	0.952	1.7%	4.9%	7.6%	12.8%	72.9%	288
	1999~ 2002년	4.25	1.047	1.9%	6.7%	13.5%	19.9%	58.0%	312
	2003~ 2007년	4.10	1.134	3.5%	7.0%	17.5%	20.3%	51.7%	143
	2008~ 2012년	3.78	1.325	8.8%	9.8%	17.6%	21.6%	42.2%	102
	2013년~	3.44	1.253	4.2%	25.0%	20.8%	22.9%	27.1%	48
전체		4.14	1.169	3.7%	7.7%	13.0%	17.9%	57.8%	835

* '전혀 참여하지 않는다' 1점, '거의 참여한다' 5점으로 환산한 값임.
** $p < 0.05$

하다고 할 수 있는데 다른 단위 활동의 경우보다 분회 활동에 조합원의 참여도가 높은 것은 사실이다. 다만 조합원과 활동가 사이의 참여도는 5점 척도에서 활동가는 4.67인 데 비해 일반 조합원은 3.77로 상당한 차이가 있다. 연령별로는 높은 연령층일수록, 여성보다는 남성이, 가입 시기가 오래된 조합원일수록 분회 활동 참여도가 높게 나타났다(〈표 5-3〉).

<h2>〈표 5-4〉 지회 행사와 활동</h2>

		평균*	표준 편차	전혀 참여하지 않는다	거의 참여하지 않는다	가끔 참여 한다	자주 참여하는 편이다	거의 참여 한다	유효 사례 수
구분**	조합원	2.90	1.333	15.7%	28.2%	24.7%	12.9%	18.6%	490
	활동가	4.68	0.624	0.2%	0.7%	5.0%	18.8%	75.2%	420
연령**	20대	3.26	1.567	12.8%	34.0%	6.4%	8.5%	38.3%	47
	30대	3.45	1.486	14.2%	16.7%	17.5%	13.4%	38.2%	246
	40대	3.80	1.326	6.5%	14.3%	17.6%	15.7%	45.9%	370
	50대 이상	3.73	1.369	7.3%	17.3%	15.1%	16.2%	44.1%	179
성별**	남	4.09	1.223	4.5%	10.4%	12.7%	16.7%	55.8%	425
	여	3.21	1.442	14.1%	23.2%	20.1%	12.7%	29.9%	418
급별**	초등학교	3.97	1.307	6.4%	11.7%	13.5%	15.8%	52.6%	266
	중학교	3.62	1.415	8.7%	19.4%	15.3%	14.0%	42.6%	242
	고등학교	3.43	1.427	11.7%	18.9%	19.5%	14.7%	35.3%	334
가입 시기**	합법화(1999년) 이전	4.00	1.276	5.6%	11.1%	14.3%	15.7%	53.3%	287
	1999~ 2002년	3.81	1.297	5.7%	14.3%	17.8%	17.5%	44.8%	315
	2003~ 2007년	3.74	1.392	10.1%	12.2%	15.5%	18.2%	43.9%	148
	2008~ 2012년	3.45	1.487	12.6%	20.4%	15.5%	12.6%	38.8%	103
	2013년~	2.50	1.337	20.8%	45.8%	12.5%	4.2%	16.7%	48
전체		3.65	1.405	8.6%	15.5%	15.6%	15.6%	44.7%	846

* '전혀 참여하지 않는다' 1점, '거의 참여한다' 5점으로 환산한 값임.
** p〈0.05

<표 5-5> 지부, 전국 행사 및 집회

		평균*	표준 편차	전혀 참여하지 않는다	거의 참여하지 않는다	가끔 참여 한다	자주 참여하는 편이다	거의 참여 한다	유효 사례 수
구분**	조합원	2.60	1.332	24.7%	28.4%	22.5%	10.6%	13.7%	489
	활동가	4.27	0.817	0.7%	1.2%	15.6%	35.3%	47.2%	422
연령**	20대	2.83	1.419	17.4%	37.0%	10.9%	15.2%	19.6%	46
	30대	3.02	1.411	20.3%	17.1%	23.6%	18.7%	20.3%	246
	40대	3.48	1.361	11.5%	14.5%	19.0%	24.1%	30.8%	373
	50대 이상	3.40	1.407	13.1%	16.5%	18.2%	21.6%	30.7%	176
성별**	남	3.69	1.254	7.6%	10.9%	20.7%	26.8%	34.0%	421
	여	2.90	1.439	21.9%	23.1%	18.8%	16.0%	20.2%	420
급별**	초등학교	3.53	1.346	11.1%	13.0%	18.9%	25.6%	31.5%	270
	중학교	3.23	1.429	16.3%	17.6%	19.2%	20.5%	26.4%	239
	고등학교	3.14	1.412	16.3%	20.2%	20.5%	18.7%	24.2%	331
가입 시기**	합법화(1999년) 이전	3.75	1.334	9.2%	11.3%	15.4%	23.9%	40.3%	293
	1999~ 2002년	3.41	1.354	12.4%	13.7%	22.3%	23.2%	28.3%	314
	2003~ 2007년	3.23	1.334	13.0%	17.8%	24.7%	21.9%	22.6%	146
	2008~ 2012년	3.12	1.416	17.6%	19.6%	17.6%	23.5%	21.6%	102
	2013년~	2.17	1.173	31.3%	41.7%	14.6%	4.2%	8.3%	48
	전체	3.30	1.407	13.6%	15.8%	19.3%	22.1%	29.2%	845

* '전혀 참여하지 않는다' 1점, '거의 참여한다' 5점으로 환산한 값임.
** p<0.05

<표 5-6> 참실 소모임(교과, 주제) 참여

구분		평균*	표준편차	전혀 참여하지 않는다	거의 참여하지 않는다	가끔 참여한다	자주 참여하는 편이다	거의 참여한다	유효 사례 수
구분**	조합원	2.36	1.200	26.5%	35.8%	21.6%	7.2%	8.8%	486
	활동가	3.32	1.122	4.1%	20.4%	34.1%	22.1%	19.2%	416
성별**	남	2.95	1.165	10.0%	27.3%	32.5%	17.5%	12.7%	418
	여	2.58	1.322	24.0%	31.3%	21.2%	9.9%	13.7%	416
급별**	초등학교	3.10	1.293	13.4%	19.8%	28.7%	19.4%	18.7%	268
	중학교	2.74	1.263	16.3%	32.6%	25.9%	10.9%	14.2%	239
	고등학교	2.52	1.160	20.2%	34.7%	26.1%	11.3%	7.7%	326
가입 시기**	합법화(1999년) 이전	3.05	1.285	11.5%	26.5%	26.1%	17.1%	18.8%	287
	1999~ 2002년	2.80	1.214	15.1%	28.8%	28.8%	15.7%	11.5%	312
	2003~ 2007년	2.80	1.238	15.3%	29.2%	29.2%	13.2%	13.2%	144
	2008~ 2012년	2.66	1.257	19.4%	30.1%	28.2%	9.7%	12.6%	103
	2013년~	1.91	0.905	38.3%	36.2%	23.4%		2.1%	47
전체		2.77	1.262	16.2%	28.7%	27.4%	14.1%	13.6%	838

* '전혀 참여하지 않는다' 1점, '거의 참여한다' 5점으로 환산한 값임.
** $p < 0.05$

그 밖에 지회 행사와 활동(〈표 5-4〉), 지부·전국 행사 및 집회(〈표 5-5〉), 참실 소모임(교과, 주제)(〈표 5-6〉), 지부·전국 참실 연수와 행사(〈표 5-7〉), 교사 서명이나 선언(〈표 5-8〉) 등에서도 정도의 차이는 있지만 조합원과 활동가 사이에 참여에 상당한 차이가 있다. 교차분석을 해보면 연령, 성, 가입 시기 등에서는 분회 활동 참여와 비슷한 경향을 보여 연령별로는 높은 연령층일수록, 여성보다는 남성이, 가입 시기가 오

〈표 5-7〉 지부, 전국 참실 연수와 행사

		평균*	표준편차	전혀 참여하지 않는다	거의 참여하지 않는다	가끔 참여한다	자주 참여하는 편이다	거의 참여한다	유효 사례 수
구분**	조합원	2.29	1.174	27.7%	38.8%	18.3%	7.4%	7.8%	487
	활동가	3.38	1.087	3.9%	18.6%	30.5%	30.0%	16.9%	413
연령**	20대	2.51	1.381	29.8%	29.8%	10.6%	19.1%	10.6%	47
	30대	2.59	1.202	20.1%	31.6%	27.5%	11.5%	9.4%	244
	40대	2.83	1.232	14.4%	30.7%	23.4%	20.1%	11.4%	368
	50대 이상	2.83	1.318	16.8%	30.1%	23.1%	13.9%	16.2%	173
성별**	남	2.97	1.173	9.9%	28.5%	28.5%	21.0%	12.1%	414
	여	2.51	1.285	24.9%	33.3%	18.9%	12.0%	11.0%	418
급별**	초등학교	3.02	1.266	13.8%	22.8%	25.4%	23.5%	14.6%	268
	중학교	2.65	1.233	17.4%	35.2%	24.2%	11.4%	11.9%	236
	고등학교	2.57	1.214	20.5%	34.3%	22.3%	14.1%	8.9%	327
가입 시기**	합법화(1999년) 이전	3.04	1.294	12.6%	26.3%	23.5%	20.0%	17.5%	285
	1999~2002년	2.81	1.213	14.7%	30.1%	24.7%	20.2%	10.3%	312
	2003~2007년	2.72	1.232	17.4%	29.9%	27.1%	14.6%	11.1%	144
	2008~2012년	2.64	1.203	18.4%	32.0%	25.2%	15.5%	8.7%	103
	2013년~	1.92	0.986	39.6%	39.6%	12.5%	6.3%	2.1%	48
전체		2.74	1.256	16.8%	29.6%	23.9%	17.8%	12.0%	836

* '전혀 참여하지 않는다' 1점, '거의 참여한다' 5점으로 환산한 값임.
** p〈0.05

〈표 5-8〉 교사 서명이나 선언

		평균*	표준편차	전혀 참여하지 않는다	거의 참여하지 않는다	가끔 참여한다	자주 참여하는 편이다	거의 참여한다	유효 사례 수
구분**	조합원	4.18	1.030	2.7%	4.7%	15.5%	26.4%	50.7%	489
	활동가	4.69	0.604	0.2%		6.1%	17.8%	75.9%	427
연령**	20대	3.89	1.306	6.4%	12.8%	12.8%	21.3%	46.8%	47
	30대	4.30	0.986	2.8%	2.0%	14.6%	22.8%	57.7%	246
	40대	4.48	0.809	0.5%	2.4%	9.7%	22.8%	64.5%	372
	50대 이상	4.45	0.836	1.1%	1.7%	10.6%	24.0%	62.6%	179
성별**	남	4.49	0.840	1.2%	2.4%	8.5%	21.7%	66.2%	423
	여	4.29	0.969	2.1%	3.1%	14.5%	24.5%	55.8%	421
가입 시기**	합법화(1999년) 이전	4.67	0.650	0.3%	0.3%	6.8%	17.4%	75.1%	293
	1999~ 2002년	4.45	0.806	0.6%	1.6%	11.4%	25.1%	61.3%	315
	2003~ 2007년	4.38	0.899	2.0%	1.4%	12.2%	25.7%	58.8%	148
	2008~ 2012년	4.23	0.962	1.9%	2.9%	16.5%	27.2%	51.5%	103
	2013년~	3.71	1.288	4.2%	18.8%	18.8%	18.8%	39.6%	48
전체		4.39	0.912	1.5%	2.5%	11.1%	22.4%	62.4%	844

* '전혀 참여하지 않는다' 1점, '거의 참여한다' 5점으로 환산한 값임.
** p<0.05

래된 조합원일수록 지회, 지부, 전국 행사 및 참실 소모임, 참실 연수 등에서 참여도가 높게 나타났다. 학교 급별로는 지회, 지부, 전국 행사 및 참실 소모임, 참실 연수 등에서 초등학교, 중학교, 고등학교 순으로 참여도가 점점 낮아지는 것으로 나타났다. 조합원들의 전교조 활동은 각각 특별히 한 단위에 집중되는 경향보다는 조합원 개인의 참여도에 따

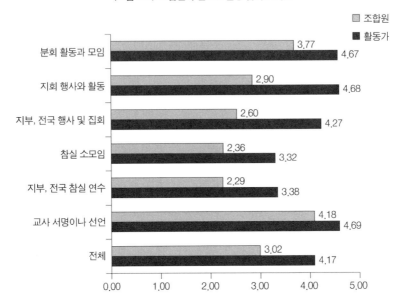

〈그림 5-2〉 조합원의 전교조 활동 참여도 비교

분회 활동과 모임: 조합원 3.77, 활동가 4.67
지회 행사와 활동: 조합원 2.90, 활동가 4.68
지부, 전국 행사 및 집회: 조합원 2.60, 활동가 4.27
참실 소모임: 조합원 2.36, 활동가 3.32
지부, 전국 참실 연수: 조합원 2.29, 활동가 3.38
교사 서명이나 선언: 조합원 4.18, 활동가 4.69
전체: 조합원 3.02, 활동가 4.17

* '전혀 참여하지 않는다' 1점, '거의 참여한다' 5점으로 환산한 값임.
** p<0.05

라 거의 모든 활동 단위에서 참여가 달라진다고 볼 수 있다. 〈그림 5-2〉
는 전교조 활동에 대한 조합원과 활동가의 참여도를 한눈에 비교할 수
있도록 한 것이다.

전교조 활동 참여도 추이를 2005년 조사 및 2009년 조사와 비교해보
면 조합원과 활동가 사이에 차이가 났다(〈그림 5-3〉). 조합원의 경우는
거의 모든 전교조 행사 및 활동에서 2005년보다 2009년에 참여도가 떨
어지다가 2014년에는 일제히 올라가는 경향을 보였다. 이는 합법화 이
후 몇 년간 조합원 확대 등 전교조 활동이 활발하다가 2000년대 중반부
터 침체되기 시작한 것과 최근 들어 전교조가 벌인 적극적인 투쟁 활동

<그림 5-3> 조합원의 전교조 활동 참여도 추이

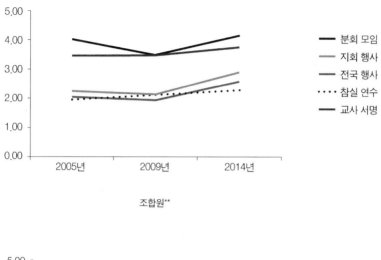

조합원**

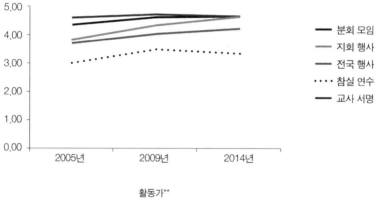

활동가**

* '전혀 참여하지 않는다' 1점, '거의 참여한다' 5점으로 환산한 값임.
** p〈0.05

이 반영된 것으로 보인다. 반면에 활동가의 경우는 2005년보다 2009년에 참여도가 증가하다가 2014년에는 정체하거나 다소 떨어지는 것을 관찰할 수 있다. 이는 높은 참여도의 천정 효과와 활동가의 피로도가 다소 반영된 것으로 보인다.

4. 전교조의 효용

'전교조로부터 어떤 도움을 받기를 원하는가'에 대해서 질문해보았다.

(1) '교육 활동에 필요한 자료'에는 5점 척도로 조합원은 3.19점, 활동가는 3.35점(〈표 5-9〉)이 나왔다.

(2) '교육 활동을 위한 연수'에는 조합원이 3.16점, 활동가는 3.36점(〈표 5-10〉)이 나왔다.

(3) '학교 혁신 및 혁신학교 활동 지원'에는 조합원이 3.12점, 활동가는 3.45점(〈표 5-11〉)이 나왔다.

(4) '동료 교사 멘토링'에는 조합원이 3.00점, 활동가는 3.18점(〈표 5-12〉)이 나왔다.

(5) '교권 상담 및 연수'에는 조합원이 3.25점, 활동가는 3.50점(〈표 5-13〉)으로 나타났다.

이는 조합원들의 전교조에 대한 구체적인 기대가 상대적으로 크다는 것을 확인할 수 있다. 전교조 조직에 헌신하는 활동가의 경우는 일관되게 모든 항목에서 조합원보다 기대치가 훨씬 더 크다.

〈그림 5-4〉는 조합원과 활동가가 전교조로부터 도움받기를 원하는

〈표 5-9〉 교육 활동에 필요한 자료

		평균*	표준편차	전혀그렇지않다	별로그렇지않다	대체로그렇다	매우그렇다	유효사례 수
구분**	조합원	3.19	0.705	1.6%	12.1%	51.5%	34.7%	487
	활동가	3.35	0.670	0.7%	8.8%	44.9%	45.6%	419
연령**	20대	3.06	0.919	10.6%	6.4%	48.9%	34.0%	47
	30대	3.27	0.672	0.8%	10.2%	50.4%	38.5%	244
	40대	3.33	0.669	0.5%	9.7%	46.4%	43.4%	371
	50대 이상	3.18	0.676	0.6%	13.7%	53.1%	32.6%	175
성별**	남	3.21	0.689	1.0%	12.4%	50.8%	35.8%	419
	여	3.31	0.688	1.4%	8.6%	47.6%	42.3%	418
급별**	초등학교	3.33	0.663	0.8%	8.6%	47.7%	42.9%	266
	중학교	3.30	0.711	1.3%	10.9%	44.4%	43.5%	239
	고등학교	3.18	0.687	1.5%	11.8%	54.4%	32.3%	331
가입시기**	합법화(1999년)이전	3.39	0.624		7.5%	46.1%	46.4%	293
	1999~2002년	3.22	0.684	0.6%	12.7%	50.3%	36.3%	314
	2003~2007년	3.24	0.704	1.4%	11.2%	49.0%	38.5%	143
	2008~2012년	3.19	0.703	2.0%	10.9%	53.5%	33.7%	101
	2013년~	3.15	0.922	8.3%	10.4%	39.6%	41.7%	48
전체		3.26	0.689	1.2%	10.6%	48.5%	39.7%	841

* '전혀 그렇지 않다' 1점, '매우 그렇다' 5점으로 환산한 값임.
** p〈0.05

<표 5-10> 교육 활동을 위한 연수

구분		평균*	표준편차	전혀 그렇지 않다	별로 그렇지 않다	대체로 그렇다	매우 그렇다	유효 사례 수
구분**	조합원	3.16	0.700	1.9%	12.1%	54.1%	31.9%	486
	활동가	3.36	0.623		7.8%	48.2%	43.9%	421
연령**	20대	3.11	0.983	12.8%	4.3%	42.6%	40.4%	47
	30대	3.32	0.657	0.4%	9.5%	48.1%	42.0%	243
	40대	3.31	0.630	0.5%	7.5%	52.6%	39.4%	371
	50대 이상	3.07	0.654		18.1%	57.1%	24.9%	177
성별**	남	3.16	0.676	1.0%	13.1%	54.6%	31.4%	421
	여	3.33	0.661	1.2%	7.2%	49.2%	42.4%	417
급별**	초등학교	3.41	0.602	0.4%	4.9%	48.5%	46.3%	268
	중학교	3.24	0.690	1.3%	10.9%	50.6%	37.2%	239
	고등학교	3.12	0.689	1.5%	13.9%	55.8%	28.8%	330
전체		3.25	0.673	1.0%	10.1%	51.4%	37.5%	842

* '전혀 그렇지 않다' 1점, '매우 그렇다' 5점으로 환산한 값임.
** p〈0.05

것을 비교할 수 있도록 나타낸 것이다.

연령, 성, 학교 급별, 가입 시기로 교차분석을 한 결과를 보면, 교육 활동을 위한 자료, 교육 활동을 위한 연수, 학교 혁신 활동 지원, 동료 교사 멘토링 등에서 연령별로는 높은 연령층이, 성별로는 여성이, 학교 급별로는 초등학교가 더 큰 기대를 하고 있다. 높은 연령층과 초등학교 교사는 전교조 활동 참여도도 상대적으로 높고 전교조에 대한 구체적인 기대치도 그에 비례하여 높은 데 비해, 여성의 경우는 활동 참여도는 낮은데 구체적인 기대치는 남성보다 높은 점은 특기할 만하다.

<표 5-11> 학교 혁신 및 혁신학교 활동 지원

		평균*	표준 편차	전혀 그렇지 않다	별로 그렇지 않다	대체로 그렇다	매우 그렇다	유효 사례 수
구분**	조합원	3.12	0.726	2.1%	14.9%	52.2%	30.8%	483
	활동가	3.45	0.651	0.7%	6.7%	39.9%	52.7%	421
연령**	20대	2.98	0.897	10.6%	8.5%	53.2%	27.7%	47
	30대	3.28	0.712	1.2%	11.5%	45.7%	41.6%	243
	40대	3.35	0.685	1.1%	8.7%	43.9%	46.3%	367
	50대 이상	3.09	0.670	0.6%	16.5%	56.3%	26.7%	176
급별**	초등학교	3.47	0.652	1.1%	5.3%	38.8%	54.8%	263
	중학교	3.26	0.692	1.3%	10.4%	49.2%	39.2%	240
	고등학교	3.07	0.727	2.1%	16.7%	53.2%	28.0%	329
가입 시기**	합법화(1999년) 이전	3.36	0.657	0.3%	8.9%	44.9%	45.9%	292
	1999~ 2002년	3.25	0.699	0.6%	13.1%	47.0%	39.3%	313
	2003~ 2007년	3.33	0.688	0.7%	10.4%	44.4%	44.4%	144
	2008~ 2012년	3.23	0.709	2.0%	10.0%	51.0%	37.0%	100
	2013년~	2.92	0.942	12.5%	10.4%	50.0%	27.1%	48
전체		3.26	0.713	1.4%	11.1%	46.5%	41.0%	837

* '전혀 그렇지 않다' 1점, '매우 그렇다' 5점으로 환산한 값임.
** p<0.05

〈표 5-12〉 동료 교사 멘토링

		평균*	표준편차	전혀 그렇지 않다	별로 그렇지 않다	대체로 그렇다	매우 그렇다	유효 사례 수
구분**	조합원	3.00	0.731	1.6%	21.8%	51.6%	24.9%	486
	활동가	3.18	0.730	1.4%	14.9%	48.0%	35.7%	415
전체		3.09	0.730	1.5%	18.4%	49.8%	30.3%	901

* '전혀 그렇지 않다' 1점, '매우 그렇다' 5점으로 환산한 값임.
** p〈0.05

〈표 5-13〉 교권상담 및 연수

		평균*	표준편차	전혀 그렇지 않다	별로 그렇지 않다	대체로 그렇다	매우 그렇다	유효 사례 수
구분**	조합원	3.25	0.708	1.3%	11.9%	47.5%	39.3%	478
	활동가	3.50	0.584	0.2%	3.8%	41.6%	54.4%	421
연령**	20대	3.38	0.777	4.4%	4.4%	40.0%	51.1%	45
	30대	3.41	0.658	0.8%	7.0%	42.4%	49.8%	243
	40대	3.40	0.633	0.5%	6.3%	45.6%	47.5%	364
	50대 이상	3.15	0.679	0.6%	14.9%	53.7%	30.9%	175
급별**	초등학교	3.49	0.604	0.4%	4.5%	41.1%	54.0%	265
	중학교	3.34	0.686	0.8%	9.7%	44.3%	45.1%	237
	고등학교	3.24	0.681	1.2%	10.2%	51.5%	37.0%	324
전체		3.35	0.665	0.8%	8.1%	44.7%	46.4%	831

* '전혀 그렇지 않다' 1점, '매우 그렇다' 5점으로 환산한 값임.
** p〈0.05

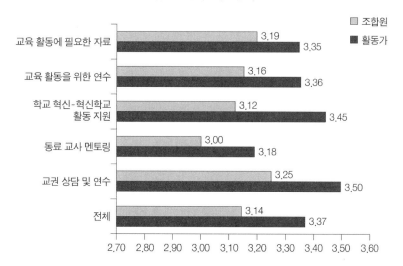

〈그림 5-4〉 전교조의 효용 비교

凡例: 조합원 / 활동가

항목	조합원	활동가
교육 활동에 필요한 자료	3.19	3.35
교육 활동을 위한 연수	3.16	3.36
학교 혁신-혁신학교 활동 지원	3.12	3.45
동료 교사 멘토링	3.00	3.18
교권 상담 및 연수	3.25	3.50
전체	3.14	3.37

* '전혀 그렇지 않다' 1점, '매우 그렇다' 5점으로 환산한 값임.
** $p < 0.05$

5. 전교조 신문 《교육희망》에 대한 관심

전교조 공식 기관지인 《교육희망》에 대해 조합원의 경우 '거의 모든 기사를 본다'가 22.6%, '중요한 기사만 본다'가 47.8%로 이 둘을 합치면 70.4%로 《교육희망》의 기사에 관심이 큰 것으로 나타났다(〈표 5-14〉). 이로 볼 때 《교육희망》이 교육 현안과 전교조 활동에 관한 매체로서의 역할을 대체로 충실히 수행하고 있는 것으로 판단된다.

교차분석을 해보면, 연령별로는 젊은 연령층일수록, 가입 시기별로는 최근에 가입한 조합원일수록 《교육희망》에 대한 관심이 더 높게 나타나 매우 고무적인 현상으로 해석된다. 성별, 학교 급별로는 통계적

<표 5-14> 《교육희망》에 대한 관심

		평균*	표준편차	①	②	③	④	⑤	유효 사례 수
구분**	조합원	2.77	1.034	22.6%	47.8%	20.3%	3.0%	6.3%	492
	활동가	2.89	1.066	32.2%	41.6%	12.1%	11.2%	2.8%	428
연령**	20대	2.09	1.299	8.5%	42.6%	17.0%	12.8%	19.1%	47
	30대	2.75	1.068	23.1%	47.0%	17.8%	6.1%	6.1%	247
	40대	2.86	0.987	24.9%	50.1%	14.7%	6.4%	3.8%	373
	50대 이상	2.95	1.040	35.9%	35.9%	18.2%	7.2%	2.8%	181
가입시기**	합법화(1999년) 이전	2.90	1.053	32.5%	40.3%	14.9%	9.2%	3.1%	295
	1999~2002년	2.96	0.908	28.2%	48.7%	16.5%	4.4%	2.2%	316
	2003~2007년	2.93	0.923	28.2%	45.6%	18.1%	6.7%	1.3%	149
	2008~2012년	2.57	1.125	15.5%	51.5%	17.5%	5.8%	9.7%	103
	2013년~	2.23	1.259	12.5%	39.6%	20.8%	12.5%	14.6%	48
전체		2.80	1.057	27.1%	44.9%	16.5%	6.8%	4.7%	848

범례: ① 거의 모든 기사를 본다

② 중요한 기사만 본다

③ 제목 정도만 보고 특정한 기사만 가끔 본다

④ 제목 정도만 본다

⑤ 거의 보지 않는다

* '거의 보지 않는다' 1점, '거의 모든 기사를 본다' 5점으로 환산한 값임
** p<0.05

〈그림 5-5〉 ≪교육희망≫에 대한 관심(2005-2014)

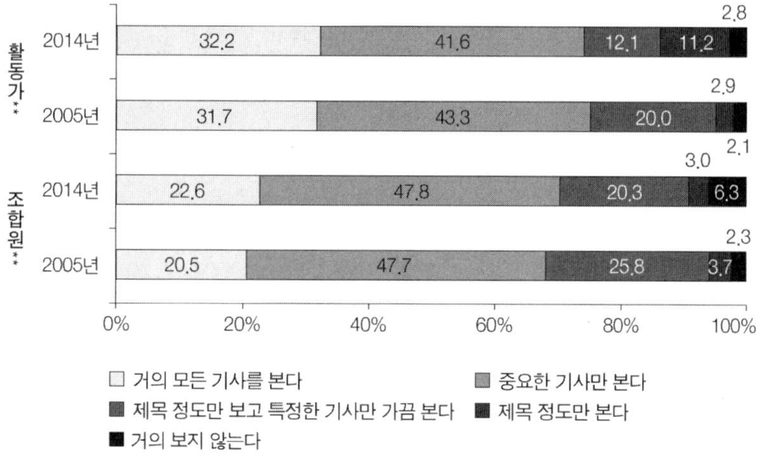

活동
가
**
2014년 | 32.2 | 41.6 | 12.1 | 11.2 | 2.8

2005년 | 31.7 | 43.3 | 20.0 | 2.9

조
합
원
**
2014년 | 22.6 | 47.8 | 20.3 | 3.0 | 6.3 | 2.1

2005년 | 20.5 | 47.7 | 25.8 | 3.7 | 2.3

0%   20%   40%   60%   80%   100%

☐ 거의 모든 기사를 본다   ■ 중요한 기사만 본다
■ 제목 정도만 보고 특정한 기사만 가끔 본다   ■ 제목 정도만 본다
■ 거의 보지 않는다

** p〈0.05

으로 유의미한 차이가 없었다.

2005년 조사와 비교해보면 조합원의 경우에는 ≪교육희망≫에 대한 관심이 약간 늘어난 반면, 활동가의 경우에는 약간 줄어든 것으로 나타났다(〈그림 5-5〉).

6. 소모임 활동

각종 소모임 활동은 분회와 함께 전교조의 조직력을 강화하고 확대하는 데 중요한 역할을 하는 단위이다. 각종 소모임 활동에 참여하고 있는 조합원은 21.1%, 활동가는 46.8%로 두 집단 사이의 격차가 크게 나타

<표 5-15> 소모임 활동 참여

(단위: %)

		오래전부터 하고 있다	최근에 시작했다	소모임 활동이 없다	전체 (유효 사례 수)
구분**	조합원	21.0	12.0	66.9	100.0(490)
	활동가	46.8	13.6	39.6	100.0(427)
연령**	20대	10.6	29.8	59.6	100.0(47)
	30대	34.8	13.8	51.4	100.0(247)
	40대	35.4	13.0	51.6	100.0(370)
	50대 이상	27.1	9.4	63.5	100.0(181)
성별**	남	36.2	12.1	51.8	100.0(423)
	여	27.7	14.7	57.6	100.0(422)
급별**	초등학교	41.8	15.3	42.9	100.0(268)
	중학교	30.5	15.2	54.3	100.0(243)
	고등학교	25.8	10.2	64.0	100.0(333)
가입 시기**	합법화(1999년) 이전	40.4	9.6	50.0	100.0(292)
	1999~ 2002년	34.3	14.0	51.7	100.0(315)
	2003~ 2007년	32.9	13.4	53.7	100.0(149)
	2008~ 2012년	27.2	16.5	56.3	100.0(103)
	2013년~		17.0	83.0	100.0(47)
전체		33.0	12.8	54.2	100.0(917)

** p〈0.05

<표 5-16> 참여 소모임 종류

(단위: %)

		교과	주제 (도서관, 환경 등)	학생 생활 교육	혁신 학교 모임	문예 (노래, 연극 등)	2030	연구 모임	독서 모임	기타
구분	조합원	23.3	8.0	9.2	23.3	9.8	4.9	14.1	31.9	9.8
	활동가	20.8	11.0	5.5	35.2	6.8	5.9	19.9	34.3	9.3
연령	20대 이하	26.3	0.0	21.1	15.8	15.8	31.6	21.1	47.4	10.5
	30대	20.5	10.7	6.6	30.3	13.1	10.7	14.8	27.9	6.6
	40대	20.6	9.4	6.7	33.3	5.0	0.0	17.2	37.2	9.4
	50대 이상	27.3	12.1	6.1	27.3	6.1	1.5	22.7	27.3	15.2
성별	남	19.3	10.6	5.8	30.9	8.7	3.4	18.8	27.5	10.1
	여	25.1	8.9	8.9	30.2	7.8	7.3	15.6	40.2	8.4
급별	초등학교	18.1	12.3	4.5	41.9	11.6	7.7	21.9	25.8	4.5
	중학교	19.8	5.4	6.3	28.8	7.2	6.3	12.6	37.8	13.5
	고등학교	28.9	10.7	11.6	17.4	5.0	1.7	16.5	38.8	12.4
가입 시기	합법화(1999년) 이전	24.1	11.3	6.8	34.6	3.8	0.8	22.6	30.1	9.0
	1999~ 2002년	17.9	9.0	5.5	29.0	9.7	2.8	15.9	35.2	9.7
	2003~ 2007년	23.9	9.0	6.0	32.8	11.9	9.0	13.4	31.3	9.0
	2008~ 2012년	21.7	10.9	15.2	23.9	6.5	21.7	17.4	37.0	13.0
	2013년~	37.5	0.0	0.0	0.0	25.0	12.5	0.0	50.0	0.0

<표 5-17> 참여 소모임 단위

(단위: %)

구분		분회 소모임	지회 소모임	지부 소모임	전국 단위 모임	기타
구분	조합원	32.5	37.6	21.7	19.1	12.7
	활동가	24.8	63.7	28.2	9.4	3.8
연령	20대 이하	47.4	47.4	42.1	10.5	21.1
	30대	22.0	55.9	28.8	16.1	10.2
	40대	27.0	55.1	21.9	11.8	4.5
	50대 이상	37.5	42.2	25.0	14.1	6.3
성별	남	28.8	51.2	28.8	14.1	4.4
	여	27.7	54.3	22.0	12.1	11.6
급별	초등학교	17.0	67.3	29.4	11.8	7.8
	중학교	31.2	46.8	23.9	13.8	7.3
	고등학교	40.2	37.6	23.1	16.2	7.7
가입시기	합법화(1999년) 이전	31.8	55.3	23.5	13.6	3.8
	1999~2002년	24.6	52.8	25.4	9.9	7.0
	2003~2007년	25.0	54.7	23.4	18.8	7.8
	2008~2012년	31.1	51.1	37.8	17.8	11.1
	2013년~	25.0	25.0	12.5	0.0	50.0

났다. 교차분석에서는 연령별로는 높은 연령층이, 학교 급별로는 초등 학교가 높은 참여도를 보였다(⟨표 5-15⟩).

참여하는 소모임의 종류는 다양한데, 조합원의 경우 독서 모임(31.9%), 교과 모임(23.3%), 학교혁신 모임(23.3%) 순으로 참여도가 높게 나타났 다. 또 독서 모임 참여도는 젊은 연령층에서 상대적으로 높고, 학교 혁 신 모임 참여도는 초등학교에서 상대적으로 높게 나타났다(⟨표 5-16⟩).

참여하는 소모임의 단위는 조합원의 경우 지회 소모임(37.6%), 분회

<표 5-18> 참여 희망 소모임 종류

(단위: %)

		교과	주제	학생 생활 교육	혁신 학교 모임	문예	2030	연구 모임	독서 모임	소모임에 참여하기 어렵다	전체 (유효 사례 수)
구분**	조합원	22.4	6.7	12.1	12.8	8.1	0.4	5.2	14.8	17.5	100 (446)
	활동가	12.6	11.8	26.6	9.8	1.4	11.2	16.2	9.0	1.4	100 (357)
성별**	남	13.5	9.5	20.6	13.3	3.0	8.0	13.5	12.0	6.5	100 (399)
	여	22.8	8.5	16.3	9.3	7.3	2.5	6.8	12.5	14.3	100 (400)
급별**	초등학교	11.8	7.9	21.7	15.7	6.3	7.1	12.6	7.1	9.8	100 (254)
	중학교	20.0	12.3	17.0	9.8	3.8	2.6	12.3	12.3	9.8	100 (235)
	고등학교	22.1	7.5	16.9	9.4	4.9	5.5	6.2	16.2	11.4	100 (308)
전체		18.1	9.0	18.6	11.5	5.1	5.2	10.1	12.2	10.3	100 (803)

** p<0.05

소모임(32.5%), 지부 소모임(21.7%), 전국 단위 소모임(19.1%) 순으로 나타났다(〈표 5-17〉).

향후 참여 의향이 있는 소모임의 종류를 묻는 질문에 대해서는 조합원의 경우 교과 모임(22.4%), 독서 모임(14.8%), 혁신학교 모임(12.8%), 학생 생활 교육(12.1%) 순으로 나타났다(〈표 5-18〉).

<표 5-19> 분회 조직과 활동 상황

(단위: %)

		분회 모임이 없고 분회가 구성되어 있지 않다	분회 모임은 있으나 분회장이 없다	분회장은 있지만 분회 모임은 없다	분회장이 있고 분회 모임도 있다	분회장과 집행부가 구성되어 활동하고 있다	전체 (유효 사례 수)
구분**	조합원	6.4	0.6	10.9	60.0	22.1	100.0 (488)
	활동가	7.3	1.2	33.7	44.3	13.4	100.0 (424)
급별**	초등학교	11.9	0.7	34.7	42.2	10.4	100.0 (268)
	중학교	4.1	1.7	16.2	56.0	22.0	100.0 (241)
	고등학교	2.4	0.6	13.3	61.4	22.3	100.0 (332)
지역**	서울		0.8	9.4	55.1	34.6	100.0 (127)
	경기/인천	8.8	0.7	21.6	60.8	8.1	100.0 (148)
	강원/충청	12.8	2.6	20.5	51.3	12.8	100.0 (117)
	호남/제주	4.4	0.5	21.4	45.1	28.6	100.0 (182)
	영남	5.9	0.7	25.7	55.8	11.9	100.0 (269)
전체		6.8	0.9	21.5	52.7	18.1	100.0 (912)

** p〈0.05

7. 분회 조직과 활동 상황

분회 조직과 활동 상황을 보면, 대부분의 학교에서 분회 조직과 활동이 있지만 분회 모임이 없는 경우가 6.4%, 분회 모임은 있으나 분회장이 없는 경우가 0.6%, 분회장은 있지만 분회 모임이 없는 경우가 10.9%로 17.9%의 학교에서 사실상 분회 활동이 이루어지지 않고 있음을 알 수 있다. 또 분회장과 집행부가 구성되어 활동하고 있는 경우는 22.1%에 불과하며, 분회장과 분회 모임이 있기는 하지만 집행부가 구성되어 있지 않은 경우가 60.0%로 압도적으로 많다(〈표 5-19〉).

학교 급별로 거의 모든 항목에서 상대적으로 전교조 활동 참여도가 높은 초등학교에서 분회 조직과 활동 비율이 낮게 나타나 학교 간 격차가 큰 것은 주목할 만하다. 지역별로는 서울, 경기/인천이 분회 조직 및 활동이 활발하고 강원/충청이 상대적으로 활발하지 못한 것으로 나타났다.

8. 지회 활동력

지회 활동력은 2~3년 전보다 더 활발해졌다고 응답한 경우가 16.9%, 더 침체되었다는 응답은 33.9%로 전반적으로 지회 활동력이 다소 침체된 것으로 나타났다(〈표 5-20〉).

학교 급별로는 초등학교가, 지역별로는 호남/제주가 더 활발해졌다고 응답한 비율이 상대적으로 높았다.

〈표 5-20〉 지회 활동력

(단위: %)

		전보다 활발해졌다	예년과 비슷하다	전보다 침체되었다	전체 (유효 사례 수)
구분**	조합원	16.9	49.8	33.3	100.0(478)
	활동가	10.8	33.7	55.5	100.0(427)
급별	유치원		40.0	60.0	100.0(5)
	초등학교	18.7	40.4	40.8	100.0(267)
	중학교	16.0	39.7	44.3	100.0(237)
	고등학교	10.7	46.3	43.0	100.0(328)
지역**	서울	14.4	36.0	49.6	100.0(125)
	경기/인천	21.2	45.2	33.6	100.0(146)
	강원/충청	15.3	44.1	40.5	100.0(111)
	호남/제주	18.8	44.2	37.0	100.0(181)
	영남	8.1	43.2	48.7	100.0(271)
전체		14.6	42.8	42.6	100.0(905)

** p〈0.05

9. 전교조 직책 의향

전교조 조직의 직책 수행 의향은 전교조 활동의 적극성을 가늠하는 지표가 될 수 있다. 먼저 조합원의 경우 분회장을 맡을 수 있다는 응답이 43.0%로, 맡지 않겠다는 응답 56.9%보다 낮게 나타났다(〈표 5-21〉). 지회 집행부나 대의원을 맡을 수 있다는 응답은 30.3%로 분회장을 맡을 수 있다는 응답보다 더 낮게 나타났다(〈표 5-22〉). 성별로는 남성이, 학교 급별로는 초등학교가, 가입 시기별로는 오래된 조합원이 직책 수행 의향이 상대적으로 높게 나타났다.

<표 5-21> 전교조 직책 의향(분회장)

(단위: %)

구분		기회가 되면 맡겠다	사정이 불가피하면 맡을 의향이 있다	별로 맡고 싶은 생각이 없다	맡을 생각이 없다	전체
구분**	조합원	20.9	22.1	26.0	30.9	100.0 (488)
	활동가	63.6	27.5	7.5	1.4	100.0 (426)
성별**	남	52.1	26.5	12.3	9.0	100.0 (422)
	여	25.7	22.9	23.1	28.3	100.0 (420)
급별**	초등학교	48.9	24.4	14.1	12.6	100.0 (270)
	중학교	35.3	25.7	18.3	20.7	100.0 (241)
	고등학교	33.9	24.2	20.3	21.5	100.0 (330)
가입 시기**	합법화(1999년) 이전	45.7	28.0	13.5	12.8	100.0 (289)
	1999~ 2002년	42.5	26.0	16.5	14.9	100.0 (315)
	2003~ 2007년	43.9	18.2	22.3	15.5	100.0 (148)
	2008~ 2012년	33.0	26.2	16.5	24.3	100.0 (103)
	2013년~	16.7	14.6	35.4	33.3	100.0 (48)
전체		40.8	24.6	17.4	17.2	100.0 (914)

** p<0.05

<표 5-22> 전교조 직책 의향(지회 집행부나 대의원)

(단위: %)

		기회가 되면 맡겠다	사정이 불가피하면 맡을 의향이 있다	별로 맡고 싶은 생각이 없다	맡을 생각이 없다	전체
구분**	조합원	13.3	17.0	30.3	39.5	100.0 (489)
	활동가	51.8	33.3	12.9	2.1	100.0 (427)
연령**	20대	33.3	12.5	25.0	29.2	100.0 (48)
	30대	26.4	18.7	30.1	24.8	100.0 (246)
	40대	32.2	27.3	17.6	23.0	100.0 (370)
	50대 이상	28.9	25.6	23.3	22.2	100.0 (180)
성별**	남	41.0	28.0	20.4	10.7	100.0 (422)
	여	18.7	19.0	25.4	37.0	100.0 (422)
급별**	초등학교	39.4	22.3	22.3	16.0	100.0 (269)
	중학교	24.7	23.9	22.2	29.2	100.0 (243)
	고등학교	26.0	24.2	23.9	26.0	100.0 (331)
가입 시기**	합법화(1999년) 이전	34.8	30.3	15.9	19.0	100.0 (290)
	1999~ 2002년	31.4	27.9	21.9	18.7	100.0 (315)
	2003~ 2007년	31.5	18.1	27.5	22.8	100.0 (149)
	2008~ 2012년	33.0	13.6	29.1	24.3	100.0 (103)
	2013년~	10.4	14.6	33.3	41.7	100.0 (48)
전체		31.2	24.6	22.2	22.1	100.0 (916)

** p<0.05

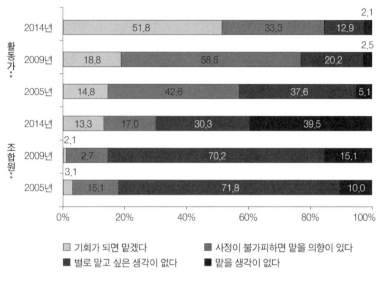

〈그림 5-6〉 전교조 직책 의향(지회 집행부나 대의원)

| | 기회가 되면 맡겠다 | 사정이 불가피하면 맡을 의향이 있다 |
| | 별로 맡고 싶은 생각이 없다 | 맡을 생각이 없다 |

활동가**
- 2014년: 51.8 / 33.3 / 12.9 / 2.1
- 2009년: 18.8 / 58.5 / 20.2 / 2.5
- 2005년: 14.8 / 42.6 / 37.6 / 5.1

조합원**
- 2014년: 13.3 / 17.0 / 30.3 / 39.5
- 2009년: 2.1 / 2.7 / 70.2 / 15.1
- 2005년: 3.1 / 15.1 / 71.8 / 10.0

** p〈0.05

2005년 및 2009년 조사와 비교해보면, 전교조 직책을 맡을 의향이 있
다고 대답한 조합원 비율이 2005년에는 18.2%였는데 2009년에는 14.9%
로 떨어졌다가 2014년에 30.3%로 증가한 것으로 나타났다(〈그림 5-6〉).
이러한 변화는 조합원 수가 감소하면서 남은 조합원들이 직책을 맡아야
하는 의무감이 증가한 것을 반영하는 것으로 보인다.

10. 혁신학교

2010년 지방선거에서 진보적 성향의 교육감들이 당선되면서 시작된

<표 5-23> 혁신학교운동은 전교조 위상 강화에 도움이 된다

		평균*	표준 편차	전혀 그렇지 않다	별로 그렇지 않다	대체로 그렇다	전혀 매우 그렇다	유효 사례 수
구분**	조합원	3.89	1.019	1.3%	16.9%	55.7%	26.1%	479
	활동가	4.31	0.867	1.1%	6.7%	44.3%	47.9%	359
성별**	남	4.13	0.973	1.4%	11.0%	48.1%	39.5%	420
	여	4.00	0.987	1.0%	14.3%	53.5%	31.2%	413
급별**	초등학교	4.32	0.846	0.7%	6.7%	44.6%	47.9%	267
	중학교	4.03	0.987	1.3%	13.1%	52.3%	33.3%	237
	고등학교	3.89	1.026	1.2%	17.1%	54.9%	26.8%	328
전체		4.07	0.974	1.2%	12.5%	50.8%	35.4%	837

* '전혀 그렇지 않다' 1점, '매우 그렇다' 5점으로 환산한 값임.
** p<0.05

<표 5-24> 혁신학교운동은 전교조 조직 활성화에 기여한다

		평균*	표준 편차	전혀 그렇지 않다	별로 그렇지 않다	대체로 그렇다	매우 그렇다	유효 사례 수
구분**	조합원	3.60	1.134	1.9%	27.0%	51.7%	19.5%	478
	활동가	3.70	1.232	2.5%	26.6%	39.8%	31.1%	354
전체		3.65	1.180	2.2%	26.8%	45.8%	25.3%	832

* '전혀 그렇지 않다' 1점, '매우 그렇다' 5점으로 환산한 값임.
** p<0.05

혁신학교 제도는 학교 현장에 새로운 바람을 불러일으켰다. 전교조는 이러한 혁신학교 제도를 매개로 하나의 운동으로 만들어나가는 노력을 하고 있는데 이러한 혁신학교 운동이 전교조에 어떠한 영향을 미치고 있는지 조사했다. 먼저 '혁신학교 운동이 전교조 위상 강화에 도움이 된다'라는 문항에 대해 5점 척도로 조합원은 3.89점, 활동가는 4.31점으로 높은 점수를 주어 혁신학교에 대한 기대감이 크다는 것을 알 수 있다. 성별로는 여성보다 남성이, 학교 급별로는 초등학교, 중학교, 고등학교 순으로 더 긍정적이다(〈표 5-23〉).

'혁신학교가 전교조 조직활성화에 기여한다'라는 문항에 대해서는 조합원 3.6점, 활동가 3.7점으로 상당히 긍정적인 평가를 하고 있다. 교차분석에서는 통계적으로 유의미한 차이가 나타나지 않았다(〈표 5-24〉). 이러한 결과로 미루어볼 때 혁신학교 운동은 전교조에 새로운 활력을 불어넣고 있는 중요한 매개가 되고 있음을 확인할 수 있다.

11. 법외노조 문제

최근 가장 큰 쟁점이 되었던 고용노동부 시정 명령 수용 여부에 대한 총투표 참여에 관한 질문에서는 시정 명령 수용을 반대했다고 응답한 비율이 일반 조합원의 경우 62.2%, 활동가의 경우 80.8%로 나타나 찬성한 비율보다 훨씬 높았다. 연령별로는 높은 연령층이, 성별로는 남성이, 가입 시기별로는 오래된 조합원일수록 반대 응답률이 높게 나타났다(〈표 5-25〉).

<표 5-25> 고용노동부의 시정 명령 수용 여부 총투표

(단위: %)

		시정 명령 수용에 찬성했다	시정 명령 수용에 반대했다	참가하지 않았다	전체
구분**	조합원	10.6	62.0	27.4	100.0(471)
	활동가	17.5	80.8	1.7	100.0(359)
연령**	20대	10.6	51.1	38.3	100.0(47)
	30대	10.0	69.7	20.3	100.0(241)
	40대	15.4	73.4	11.3	100.0(364)
	50대 이상	14.9	69.7	15.4	100.0(175)
성별**	남	17.3	73.1	9.6	100.0(417)
	여	10.0	66.7	23.2	100.0(409)
가입 시기**	합법화(1999년) 이전	15.2	76.6	8.2	100.0(256)
	1999~ 2002년	15.1	73.2	11.7	100.0(291)
	2003~ 2007년	9.8	70.7	19.5	100.0(133)
	2008~ 2012년	16.7	64.6	18.8	100.0(96)
	2013년~	2.2	34.8	63.0	100.0(46)
전체		13.6	70.1	16.3	100.0(830)

** p<0.05

투표 결과를 묻는 질문에는 '예측보다 거부의사 비율이 높았다'고 응답한 비율이 조합원의 경우 34.6%, 활동가의 경우 63.7%로 '예측보다 거부의사 비율이 낮았다'는 응답보다 매우 높게 나타났다(<그림 5-7>). 연령별로는 높은 연령층에서 '예측보다 거부의사 비율이 높았다'고 응답한 비율이 높게 나타났다. 전교조 활동에서 일반 조합원보다는 활동가가, 연령별로는 높은 연령층이 더 적극적인 점을 고려하면 이 결과는

<그림 5-7> 고용노동부의 시정 명령 수용 여부 총투표 결과 예측

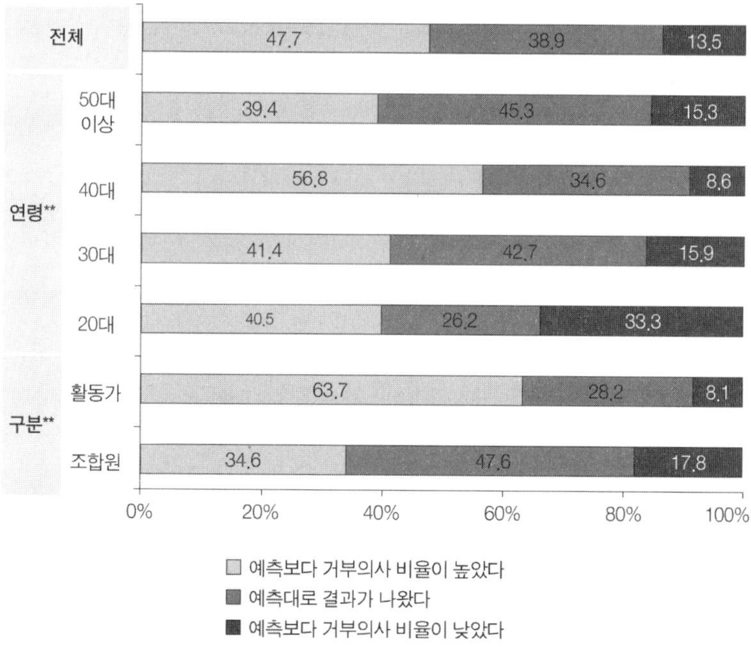

구분		예측보다 거부의사 비율이 높았다	예측대로 결과가 나왔다	예측보다 거부의사 비율이 낮았다
전체		47.7	38.9	13.5
연령**	50대 이상	39.4	45.3	15.3
	40대	56.8	34.6	8.6
	30대	41.4	42.7	15.9
	20대	40.5	26.2	33.3
구분**	활동가	63.7	28.2	8.1
	조합원	34.6	47.6	17.8

□ 예측보다 거부의사 비율이 높았다
■ 예측대로 결과가 나왔다
■ 예측보다 거부의사 비율이 낮았다

** p〈0.05

역설적이다. 이번 투표 결과는 평상시에는 활동가보다 조직 대중의 의식이나 활동이 상대적으로 낮을 수 있지만, 위기의 시기에는 현실에 대한 감각이 더 나을 수 있다는 것을 보여준다고 하겠다.

12. 교원노조법 개정 전망

전교조는 일반법인 노동조합법이 아니라 1999년에 제정된 특별법인

〈표 5-26〉 교원노조법 개정 전망

(단위: %)

		2016년 총선 전후	2017년 대선 전후	향후 10년간 어렵다	모르겠다	전체
구분**	조합원	18.6	42.1	9.9	29.3	100.0(484)
	활동가	27.1	44.1	15.4	13.4	100.0(358)
연령**	20대	4.3	44.7	21.3	29.8	100.0(47)
	30대	18.7	39.8	16.3	25.2	100.0(246)
	40대	24.9	46.4	9.0	19.7	100.0(366)
	50대 이상	26.3	39.1	11.2	23.5	100.0(179)
성별**	남	26.1	44.2	14.5	15.2	100.0(421)
	여	18.3	41.6	9.9	30.3	100.0(416)
가입 시기**	합법화(1999년) 이전	28.2	40.9	11.2	19.7	100.0(259)
	1999~2002년	20.3	50.5	10.2	19.0	100.0(295)
	2003~2007년	20.7	40.7	14.8	23.7	100.0(135)
	2008~2012년	20.8	36.5	14.6	28.1	100.0(96)
	2013년~	12.5	31.3	14.6	41.7	100.0(48)
전체		22.2	43.0	12.2	22.6	100.0(842)

** $p < 0.05$

'교원의 노동조합 설립 및 운영에 관한 법률'의 적용을 받고 있다. 이로 인해 전교조는 노동삼권 중의 하나인 단체행동권을 행사할 수 없을 뿐 아니라, 단체교섭에서도 교과과정 등의 핵심 쟁점에서 온전한 권리를 행사할 수 없는 매우 제한된 권리만을 가지고 있다. 게다가 교원노조법 은 법적으로 다투고 있는 해직 교사를 실업자로 규정하여 조합원 자격 을 인정하지 않고 있다. 고용노동부는 이 조항을 근거로 하여 전교조가 해직 교사들에게 조합원 자격을 부여했다는 것을 빌미로 '전교조가 더 이상 합법적인 노조가 아니다'라는 행정 결정을 내렸으나, 고등법원이

'전교조 법외노조 통보 효력정지' 결정을 내림으로써 논란이 확대되었다. 정부가 전교조를 탄압할 수 있는 근거를 제공하는 이러한 교원노조법 개정은 전교조 조합원들이 중요한 관심사가 된 것은 물론이다.

해직교사의 조합원 자격을 인정하는 교원노조법의 개정 시기에 대한 전망에 대해서는 2017년 대선 전후라고 응답한 비율이 42.1%로 2016년 총선 전후라고 응답한 비율과 합치면 60.7%가 향후 2, 3년 이내에 법개정이 이루어질 것으로 낙관하고 있는 것으로 나타났다(〈표 5-26〉). 이러한 결과는 해직 교사 조합원 자격을 둘러싼 논란과 대정부 투쟁에서 전교조 조합원들이 상당한 자신감을 얻었다는 사실을 간접적으로 보여주고 있다.

13. 소결

현재 조합원의 전교조 가입 시기를 분석하면 조합원 감소의 경향을 그대로 반영하고 있다. 기존 조합원의 정년퇴직과 탈퇴의 속도에 비해 신규 조합원의 가입이 따르지 못함으로써 조합원의 세대교체가 이루어지지 않고 있는 것이 전교조 조직의 가장 큰 문제이다. 그나마 활동가의 세대교체는 어느 정도 이루어지고 있는 것으로 보이며 활동가 충원에 애로가 있기는 하지만 그렇게 비관적인 것은 아니라고 판단된다.

조합원으로 가입한 계기는 평소 소신을 제쳐 둔다면 단연 동료나 선후배 교사들의 권유가 중요한 계기로 작용하고 있음을 알 수 있다. 조합원 확대를 위해서는 불특정 다수를 겨냥한 신규 조합원 모집 방법보다는 기존 조합원들이 행사, 집회, 소모임 등 여러 계기를 이용하여 1대 1로 가입을 권유하는 방법이 가장 효과적인 것으로 생각된다.

전교조 조직 활동 참여도는 2005년 조사보다 2009년에는 떨어졌으나 2014년 조사에서는 회복하고 있는 것으로 나타났으며, 《교육희망》에 대한 관심이 높고 전교조에 도움을 받기를 원하는 정도 또한 상당히 높게 나타났다. 2005년 조사 이후 약 10여 년 간 조합원 수가 지속적으로 감소하여 조직이 침체된 것이 아닌가 하는 우려는 과장된 것으로 보인다. 전교조 직책을 맡겠다는 의향을 가진 조합원 비율도 2005년에 비해 2009년에는 떨어졌지만 2014년에는 다시 회복되고 있는 데서도 그렇게 비관적이라고 단정하기는 힘들다고 판단된다.

분회활동과 지회 활동력은 10년 전에 비해 상당히 떨어진 것으로 나타난 반면에 각종 소모임 활동은 활발한 편이다. 전교조의 하부 토대라고 할 수 있는 분회와 지회의 활동력을 복원하는 것이 최대의 조직적 과제라고 생각된다.

혁신학교에 대한 기대가 상당히 높게 나온 것은 조합원 감소 등으로 다소 침체된 전교조에 새로운 활력을 불어넣고 있다는 점에서 특히 주목할 만하다. 또한 고용노동부의 시정 명령에 대한 총투표에서 명령 거부를 예측한 데서 활동가보다 조합원들이 사태를 더 잘 파악하고 있었다는 점 또한 곱씹어 볼 만한 대목이다. 그리고 해직교사의 조합원 가입을 금지하고 있는 교원노조법의 개정이 2~3년 내에 이루어지리라고 기대하는 견해가 다수를 차지하고 있는 것도 고무적이다.

제6장

전교조 활동가와 조직 발전 방향

1. 대의원이나 집행부를 맡게 된 계기

현재 전교조는 조직원 감소로 일부 지역에서는 지회장이나 대의원 선출에 어려움을 겪고 있다. 원활한 활동가 충원을 위해서는 기존의 활동가가 어떤 계기로 되었는지를 알아볼 필요가 있다. 전교조 대의원이나 집행부를 맡게 된 계기를 묻는 문항에 대한 응답은 '조직에 대한 애정과 책임감'(28.1%), '할 사람이 없어서'(24.9%), '선배 활동가의 권유'(21.2%) 순으로 나타났다. 활동 단위별로는 유의미한 차이는 없었다(〈표 6-1〉).

연령별로는 20대는 선후배 활동가의 권유(41.2%)가 가장 높았으며 40대는 조직에 대한 애정과 책임감(35.0%)이 가장 높게 나타났다. 상대적으로 젊은 연령층을 활동가로 충원하기 위해서는 선후배 활동가의 권

〈표 6-1〉 대의원이나 집행부를 맡게 된 계기

(단위: %)

		선후배 활동가의 권유	평소에 소신이 있어서	조직에 대한 애정과 책임감	주변 조합원들의 추대	할 사람이 없어서	전체
활동 단위	분회장/ 지회 집행부	25.2	15.8	26.2	7.4	25.2	100.0(202)
	지회장/ 지부, 본부 간부	15.6	17.7	30.6	11.6	24.5	100.0(147)
연령**	20대	41.2	23.5	23.5		11.8	100.0(17)
	30대	28.6	14.3	22.4	5.1	29.6	100.0(98)
	40대	19.1	16.8	30.1	11.0	23.1	100.0(173)
	50대 이상	8.3	15.0	35.0	16.7	25.0	100.0(60)
전체		21.2	16.6	28.1	9.2	24.9	100.0(349)

** p<0.05

유가 매우 중요함을 알 수 있다.

2. 활동가로서 느끼는 심정

1) 사회적 인정

'사회적으로 인정받는다고 느낀다'라는 문항에 대해 전체적으로는 긍정적인 응답과 부정적인 응답이 비슷하게 나타났으나, 분회장/지회 집행부의 경우 부정적인 응답이 더 많아 5점 척도의 평균점수가 2.81점으로 부정적인 데 비해 지회장/지부, 본부 간부의 경우는 3.28점으로 긍정

〈표 6-2〉 사회적 인정

		평균*	표준편차	전혀 그렇지 않다	별로 그렇지 않다	대체로 그렇다	매우 그렇다	유효 사례 수
활동 단위**	분회장/ 지회 집행부	2.81	1.132	7.4%	49.8%	39.9%	3.0%	203
	지회장/ 지부, 본부 간부	3.28	1.190	4.7%	34.5%	49.3%	11.5%	148
연령**	20대	3.00	1.275	11.8%	35.3%	47.1%	5.9%	17
	30대	2.71	1.193	11.2%	50.0%	33.7%	5.1%	98
	40대	3.15	1.137	2.3%	42.9%	46.9%	8.0%	175
	50대 이상	3.12	1.209	8.3%	35.0%	50.0%	6.7%	60
가입 시기**	합법화(1999년) 이전	3.23	1.195	5.2%	35.7%	48.7%	10.4%	115
	1999~ 2002년	3.08	1.081	0.8%	47.2%	47.2%	4.7%	127
	2003~ 2007년	2.66	1.253	16.2%	45.6%	32.4%	5.9%	68
	2008~ 2012년	2.85	1.210	10.0%	45.0%	40.0%	5.0%	40
	2013년~	2.50	1.000		75.0%	25.0%		4
전체		3.05	1.16	6.3%	43.1%	43.7%	6.9%	351

* '전혀 그렇지 않다' 1점, '매우 그렇다' 5점으로 환산한 값임.
** p<0.05

적으로 나타났다(〈표 6-2〉). 분회장/지회 집행부의 경우는 책임감이 더 크게 작용하는 반면에, 지회장/지부, 본부 간부 활동가들은 사회적 인정 이 중요한 유인으로 작용하고 있다고 볼 수 있다.

2005년 조사에서는 '그렇다'가 32.2%, '아니다'가 25.5%로 다소 긍정 적이지만 '잘 모름'이라는 응답이 42.2%였다. 부정적인 응답이 다소 낮아졌지만 큰 차이는 아니다(『교사의 사회의식과 전교조』, 162쪽).

2) 동료들의 인정

'동료들에게 인정받는다고 느낀다'라는 문항에 대한 응답은 전체적으로 긍정적인 응답이 67.1%로 부정적인 응답보다 더 많으며, 지회장/지부, 본부 간부의 경우 긍정적인 응답률이 더 높게 나타났다(〈표 6-3〉). 이러한 조사결과를 볼 때 직책을 맡은 활동가들에게 동료들의 인정은

〈표 6-3〉 동료들의 인정

		평균*	표준편차	전혀 그렇지 않다	별로 그렇지 않다	대체로 그렇다	매우 그렇다	유효 사례 수
활동 단위**	분회장/ 지회 집행부	3.24	1.129	4.9%	33.8%	55.4%	5.9%	204
	지회장/ 지부, 본부 간부	3.63	1.070	2.7%	21.9%	60.3%	15.1%	146
가입 시기**	합법화(1999년) 이전	3.54	1.138	4.4%	23.7%	57.0%	14.9%	114
	1999~ 2002년	3.50	0.983	1.6%	25.2%	67.7%	5.5%	127
	2003~ 2007년	3.09	1.278	8.8%	38.2%	41.2%	11.8%	68
	2008~ 2012년	3.20	1.137	2.5%	40.0%	50.0%	7.5%	40
	2013년~	3.50	1.000		25.0%	75.0%		4
전체		3.43	1.10	4.0%	28.9%	57.4%	9.7%	350

* '전혀 그렇지 않다' 1점, '매우 그렇다' 5점으로 환산한 값임.
** p〈0.05

중요한 요인으로 작용하고 있음을 알 수 있다.

2005년 조사에서는 '그렇다'가 53.3%, '아니다'가 14.9%로 긍정적인
응답이 많았는데, 이에 비하면 긍정적인 응답률이 약간 떨어졌다. 그럼
에도 전반적으로 전교조 활동가들은 동료 교사들에게 인정받는 데는 문
제가 없는 것으로 판단된다.

3) 후회

활동가들이 직책을 맡고 후회하는 경우는 소수에 불과한 것으로 나타
났다. '직책을 괜히 맡았다고 생각한다'라는 문항에 대해 12.3%만이 '그
렇다'라고 응답했다(〈표 6-4〉). 이는 2005년 조사와 비교해도 비슷한 비
율이다. 비록 활동가 충원에 어려움을 겪고 있다 할지라도 일반 직책을

〈표 6-4〉 후회

활동 단위		평균*	표준편차	전혀 그렇지 않다	별로 그렇지 않다	대체로 그렇다	매우 그렇다	유효 사례 수
활동 단위	분회장/ 지회 집행부	1.90	1.007	38.6%	48.0%	11.4%	2.0%	202
	지회장/ 지부, 본부 간부	1.81	0.968	42.9%	46.3%	8.8%	2.0%	147
연령**	20대	1.82	1.131	52.9%	29.4%	17.6%		17
	30대	2.15	1.105	28.1%	52.1%	16.7%	3.1%	96
	40대	1.77	0.914	43.4%	47.4%	7.4%	1.7%	175
	50대 이상	1.73	0.899	45.0%	46.7%	6.7%	1.7%	60
전체		1.86	0.99	40.4%	47.3%	10.3%	2.0%	349

* '전혀 그렇지 않다' 1점, '매우 그렇다' 5점으로 환산한 값임.
** $p < 0.05$

맡은 활동가들이 후회하는 경우는 드물다는 사실은 고무적인 현상이다.

4) 개인적 성장에 도움

'개인적인 성장에 도움이 된다'라는 문항에 대해서는 전체적으로 79.5%가 긍정적인 응답을 했다(〈표 6-5〉). 전교조 활동가들은 직책을 맡음으로써 개인적으로 자아실현에 도움을 얻고 있다는 의식을 강하게 가지고 있는 것으로 보인다. 활동 단위별로 유의미한 차이가 없었다.

〈표 6-5〉 개인적 성장에 도움

		평균*	표준편차	전혀 그렇지 않다	별로 그렇지 않다	대체로 그렇다	매우 그렇다	유효 사례 수
활동 단위	분회장/ 지회 집행부	3.76	1.074	2.5%	19.2%	56.7%	21.7%	203
	지회장/ 지부, 본부 간부	3.88	1.081	2.7%	16.2%	52.7%	28.4%	148
	전체	3.82	1.080	2.6%	17.9%	55.0%	24.5%	351

* '전혀 그렇지 않다' 1점, '매우 그렇다' 5점으로 환산한 값임.
** p〈0.05

3. 조직 활동의 애로 사항

활동가들이 조직 활동에서 느낄 수 있는 애로 사항들에 관해 질문해 보았다.

(1) '새로운 활동가가 충원되지 않는다'라는 문항에 대해 98.6%의 압

〈표 6-6〉 조직 활동의 애로 사항 (1) - 활동가 충원

		평균*	표준편차	전혀 그렇지 않다	별로 그렇지 않다	대체로 그렇다	매우 그렇다	유효 사례 수
활동 단위	분회장/ 지회 집행부	4.67	0.608	0.5%	1.5%	27.2%	70.9%	206
	지회장/ 지부, 본부 간부	4.64	0.522		0.7%	34.0%	65.3%	150
가입 시기**	합법화(1999년) 이전	4.72	0.506		0.9%	25.6%	73.5%	117
	1999~ 2002년	4.65	0.478			34.6%	65.4%	130
	2003~ 2007년	4.68	0.558		1.5%	27.9%	70.6%	68
	2008~ 2012년	4.50	0.847	2.5%	2.5%	32.5%	62.5%	40
	2013년~	3.75	1.258		25.0%	50.0%	25.0%	4
전체		4.65	0.570	0.3%	1.1%	30.1%	68.5%	356

* '전혀 그렇지 않다' 1점, '매우 그렇다' 5점으로 환산한 값임.
** p<0.05

〈표 6-7〉 조직 활동의 애로 사항 (2) - 활동 시간 부족

		평균*	표준편차	전혀 그렇지 않다	별로 그렇지 않다	대체로 그렇다	매우 그렇다	유효 사례 수
활동 단위	분회장/ 지회 집행부	3.70	1.037	1.5%	21.5%	60.0%	17.1%	205
	지회장/ 지부, 본부 간부	3.52	1.160	4.0%	26.2%	53.7%	16.1%	149
전체		3.61	1.100	2.5%	23.4%	57.3%	16.7%	354

* '전혀 그렇지 않다' 1점, '매우 그렇다' 5점으로 환산한 값임.
** p<0.05

〈표 6-8〉 조직 활동의 애로 사항 (3) - 조합원 요구의 다양함

활동 단위		평균*	표준편차	전혀 그렇지 않다	별로 그렇지 않다	대체로 그렇다	매우 그렇다	유효 사례 수
활동 단위	분회장/ 지회 집행부	3.42	1.054	1.0%	31.9%	58.8%	8.3%	204
	지회장/ 지부, 본부 간부	3.37	1.147	3.4%	32.2%	53.0%	11.4%	149
전체		3.39	1.100	2.0%	32.0%	56.4%	9.6%	353

* '전혀 그렇지 않다' 1점, '매우 그렇다' 5점으로 환산한 값임.
** p〈0.05

〈표 6-9〉 조직 활동의 애로 사항 (4) - 운동 전망의 불투명함

활동 단위**		평균*	표준편차	전혀 그렇지 않다	별로 그렇지 않다	대체로 그렇다	매우 그렇다	유효 사례 수
활동 단위**	분회장/ 지회 집행부	3.40	1.203	2.9%	34.1%	45.9%	17.1%	205
	지회장/ 지부, 본부 간부	3.13	1.296	9.4%	36.2%	40.9%	13.4%	149
전체		3.26	1.250	5.6%	35.0%	43.8%	15.5%	354

* '전혀 그렇지 않다' 1점, '매우 그렇다' 5점으로 환산한 값임.
** p〈0.05

〈표 6-10〉 조직 활동의 애로 사항 (5) - 사업 부담

활동 단위**		평균*	표준편차	전혀 그렇지 않다	별로 그렇지 않다	대체로 그렇다	매우 그렇다	유효 사례 수
활동 단위**	분회장/ 지회 집행부	3.30	1.151	1.0%	39.7%	46.6%	12.7%	204
	지회장/ 지부, 본부 간부	3.57	1.149	1.3%	29.3%	49.3%	20.0%	150
전체		3.44	1.150	1.1%	35.3%	47.7%	15.8%	354

* '전혀 그렇지 않다' 1점, '매우 그렇다' 5점으로 환산한 값임.
** p〈0.05

<표 6-12> 조직 활동의 애로 사항 (7) - 정보와 매뉴얼 부족

활동 단위		평균*	표준편차	전혀 그렇지 않다	별로 그렇지 않다	대체로 그렇다	매우 그렇다	유효 사례 수
활동 단위	분회장/지회 집행부	2.79	1.191	8.3%	51.5%	33.3%	6.9%	204
	지회장/지부, 본부 간부	2.64	1.219	13.5%	51.4%	28.4%	6.8%	148
연령**	20대	3.35	1.498	17.6%	17.6%	41.2%	23.5%	17
	30대	2.87	1.242	8.1%	49.5%	32.3%	10.1%	99
	40대	2.64	1.140	10.7%	53.7%	32.2%	3.4%	177
	50대 이상	2.50	1.158	13.8%	56.9%	24.1%	5.2%	58
가입 시기**	합법화(1999년) 이전	2.52	1.149	14.5%	53.8%	28.2%	3.4%	117
	1999년~2002년	2.65	1.148	9.5%	55.6%	30.2%	4.8%	126
	2003년~2007년	2.85	1.237	8.8%	48.5%	33.8%	8.8%	68
	2008년~2012년	3.30	1.305	5.0%	37.5%	37.5%	20.0%	40
	2013년~	2.25	1.258	25.0%	50.0%	25.0%		4
전체		2.71	1.200	10.5%	51.4%	31.3%	6.8%	352

* '전혀 그렇지 않다' 1점, '매우 그렇다' 5점으로 환산한 값임.
** p<0.05

도적인 다수가 그렇다고 응답하여 활동가 충원에 가장 큰 어려움을 겪고 있는 것으로 나타났다(〈표 6-6〉).

(2) '활동할 시간이 없다'라는 문항에 대해서는 74.0%가 긍정적인 응답을 하여 활동 시간이 부족한 활동가가 다수임을 알 수 있다(〈표 6-7〉).

(3) '조합원의 취향과 요구가 다양하다'라는 문항에 대해서는 66.0%가 긍정적인 응답을 하고 있다(〈표 6-8〉).

<표 6-11> 조직 활동의 애로 사항 (6) - 의사소통의 어려움

		평균*	표준편차	전혀 그렇지 않다	별로 그렇지 않다	대체로 그렇다	매우 그렇다	유효 사례 수
활동 단위	분회장/ 지회 집행부	3.07	1.243	4.9%	45.6%	36.3%	13.2%	204
	지회장/ 지부, 본부 간부	2.99	1.222	6.0%	46.3%	37.6%	10.1%	149
가입 시기**	합법화(1999년) 이전	3.07	1.192	3.4%	46.6%	39.7%	10.3%	116
	1999~ 2002년	2.94	1.176	5.5%	48.4%	39.1%	7.0%	128
	2003~ 2007년	2.99	1.299	10.3%	41.2%	36.8%	11.8%	68
	2008~ 2012년	3.45	1.377	2.5%	40.0%	25.0%	32.5%	40
	2013년~	1.75	0.500	25.0%	75.0%			4
전체		2.60	0.94	5.4%	45.9%	36.8%	11.9%	353

* '전혀 그렇지 않다' 1점, '매우 그렇다' 5점으로 환산한 값임.
** p<0.05

(4) '전교조 운동의 전망이 불투명하다'라는 문항에 대해서는 59.3%가 긍정적인 응답을 하고 있다(〈표 6-9〉).

(5) '사업이 많아서 부담감이 크다'라는 문항에 대해서는 53.5%가 긍정적인 응답을 하고 있다(〈표 6-10〉).

(6) '의사소통이 어렵다'라는 문항에 대해서는 긍정적인 응답이 48.7%로 부정적인 응답보다 낮다(〈표 6-11〉). 의사소통은 그렇게 큰 문제는 아닌 것으로 보인다.

(7) '전교조 활동에 대한 정보와 매뉴얼이 부족하다'라는 문항에 대해서는 38.8%만이 긍정적인 응답을 하고 있다(〈표 6-12〉). 정보와 매뉴얼

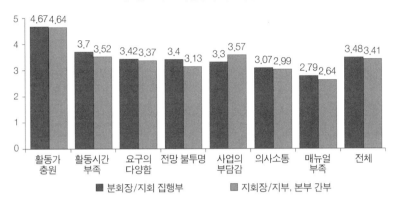

〈그림 6-1〉 조직 활동의 애로 사항 비교

* '전혀 그렇지 않다' 1점, '매우 그렇다' 5점으로 환산한 값임.
** p〈0.05

부족 문제도 그리 큰 문제는 아닌 것으로 보인다.

이처럼 활동가들은 새로운 활동가 충원, 활동 시간 부족, 조합원 요구
의 다양함, 운동 전망의 불투명, 사업 부담감 등에서 상당한 애로를 느
끼고 있다. 가장 큰 애로 사항은 역시 새로운 활동가 충원이 잘 되지 않
아 세대교체가 잘 이루어지지 않고 직책을 맡은 활동가의 피로감이 쌓이
는 문제라고 할 수 있다. 이에 비해 의사소통이나 정보 및 매뉴얼 등에서
는 약간의 애로는 있지만 그렇게 심각하지는 않은 것 같다. 〈그림 6-1〉
은 활동가의 애로 사항들을 비교하여 한눈에 볼 수 있도록 한 것이다.

4. 지회 활성화를 위한 사업

지회 활성화를 위해 가장 우선적으로 추진해야 할 사업에 관한 문항에 대해서는 '집행부 역량 강화'(33.7%), '지회 사업 및 활동 공유'(32.2%), '간부 활동 시간 확보'(29.5%)가 엇비슷하게 나왔다(〈표 6-13〉). 활동 단위별로는 유의미한 차이가 없었다.

〈표 6-13〉 지회 활성화를 위해 가장 우선적으로 추진해야 할 사업

(단위: %)

		집행부 역량 강화	지회 집행 간부 활동 시간 확보	지회 예산의 증액	지회 사업 및 활동 공유	전체
활동 단위	분회장/ 지회 집행부	30.9	29.8	5.9	33.5	100.0(188)
	지회장/ 지부, 본부 간부	37.5	29.2	2.8	30.6	100.0(144)
전체		33.7	29.5	4.5	32.2	100.0(332)

* '전혀 그렇지 않다' 1점, '매우 그렇다' 5점으로 환산한 값임.
** p〈0.05

5. 법외노조 결정 이후 지회 활동 변화

고용노동부의 법외노조 결정과 그에 대한 법원의 판결이 지회 활동에 미친 영향을 알아보기 위해 법외노조 결정 이후 지회 활동에 변화가 있는지에 대해 질문했다. 이에 대해서는 '강화되었다'라는 응답이 14.1%, '약화되었다'라는 응답이 10.2%로 비슷하고 '변화 없다'라는 응답이

<표 6-14> 법외노조 결정 이후 지회 활동 변화

(단위: %)

활동 단위		약화되었다	강화되었다	변화 없다	전체(유효 사례 수)
활동 단위	분회장/ 지회 집행부	11.2	12.7	76.1	100.0(205)
	지회장/ 지부, 본부 간부	8.7	16.1	75.2	100.0(149)
전체		10.2	14.1	75.7	100.0(354)

** p<0.05

75.7%로 압도적으로 많았다(<표 6-14>). 법외노조 결정이 지회 활동에 긍정적인 영향을 미친 것으로 보이지만 그 영향이 그렇게 크지는 않은 것 같다.

6. 향후 5년간 집중 사업 영역

향후 5년간 전교조가 집중해야 할 사업 영역을 묻는 질문(두 가지 답변)에 대해서는 분회장/지회 집행부의 경우 교원노조법 개정이 58.3%로 가장 높고 혁신학교 운동(37.3%), 교육 여건 개선 사업(33.8%), 특권 경쟁 교육 폐기 사업(30.9%)로 비슷하게 나타났다(<표 6-15>). 법외노조 공방을 거친 직후의 조사여서 역시 교원노조법 개정에 대한 요구가 가장 높았다.

<표 6-15> 향후 5년간 집중 사업 영역(2가지 선택)

(단위: %)

		교육 여건 개선 사업	교원노조법 개정	특권 경쟁 교육 폐기 사업	교육과정 개정 사업	혁신학교 운동
활동 단위	분회장/ 지회 집행부	33.8	58.3	30.9	16.2	37.3
	지회장/ 지부, 본부 간부	30.6	66.7	28.6	13.6	42.9
연령	20대	23.5	76.5	35.3	23.5	29.4
	30대	38.4	62.6	25.3	15.2	35.4
	40대	29.1	60.6	30.9	15.4	43.4
	50대 이상	32.2	64.4	35.6	10.2	35.6
가입 시기	합법화(1999년) 이전	30.1	60.2	33.6	9.7	45.1
	1999~ 2002년	33.6	60.3	28.2	16.8	36.6
	2003~ 2007년	38.8	61.2	28.4	14.9	37.3
	2008~ 2012년	20.5	69.2	30.8	25.6	38.5
	2013년~	75.0	100.0	0.0	0.0	25.0
전체		32.2	62.5	29.7	14.9	40.1

** p<0.05

7. 전교조 조직 발전을 위한 조직 체계 개편 방향

최근 전교조 내부에서 쟁점 사항이 되어온 전교조 조직 발전을 위한 조직 체계 개편 방향에 관해 세 가지 질문을 했다.

1) 선출직 사무총장제 도입

전교조의 일상 활동을 관할하는 사무총장을 위원장과 동반 출마 형식
으로 선출하자는 선출직 사무총장제 도입에 관해서는 전체적으로는 찬
성과 반대가 각각 25.3%로 팽팽한 가운데 분회장/지회 집행부는 찬성
이 상대적으로 높고, 지회장/지부, 본부 간부는 반대가 찬성보다 다소
높게 나타났다(〈표 6-16〉). 연령별로는 모든 연령층에서 찬성과 반대가

〈표 6-16〉 선출직 사무총장제 도입

(단위: %)

		찬성	반대	잘 모름	전체(유효 사례 수)
활동 단위**	분회장/ 지회 집행부	27.2	18.0	54.9	100.0(206)
	지회장/ 지부, 본부 간부	22.7	35.3	42.0	100.0(150)
연령**	20대	11.8	11.8	76.5	100.0(17)
	30대	20.0	15.0	65.0	100.0(100)
	40대	26.0	29.4	44.6	100.0(177)
	50대 이상	32.8	36.1	31.1	100.0(61)
가입 시기**	합법화(1999년) 이전	30.8	35.0	34.2	100.0(117)
	1999~ 2002년	27.5	22.9	49.6	100.0(131)
	2003~ 2007년	20.9	19.4	59.7	100.0(67)
	2008~ 2012년	7.5	17.5	75.0	100.0(40)
	2013년~	25.0		75.0	100.0(4)
전체		25.3	25.3	49.4	100.0(356)

** p〈0.05

엇비슷한 가운데, 연령이 젊을수록 잘 모른다는 응답이 많았다.

2005년 조사에서는 분회장의 경우 찬성이 38.6%, 반대가 6.4%였으며, 지회 이상 활동가의 경우에는 찬성이 60.2%, 반대가 7.6%로 찬성이 훨씬 많았으나 이번 조사에서는 찬반이 엇비슷하게 나온 것이다(『교사의 사회의식과 전교조』, 173쪽). 이는 그동안 사무총장제 선출을 둘러싼 논쟁 과정에서 선출제가 가질 수 있는 문제점이 드러나면서 찬반이 팽팽하게 나뉜 것으로 보인다.

2) 위원장·지부장 임기를 3년으로 연장

위원장 임기가 상대적으로 짧아 안정적이고 지속적인 집행이 어렵다는 취지로 제기되어온 임기 연장 문제에 관해서 질문했다. 위원장·지부장 임기를 3년으로 연장하는 안에 대해서는 전체적으로 찬성이 56.0%로 반대 28.9%보다 많았으며 활동 단위별로 유의미한 차이가 없었다(〈표 6-17〉). 가입 시기별로 가입 시기가 오래된 활동가일수록 찬성 응답률이 더 높았다.

2005년 조사에서도 위원장 임기 연장에 대해 분회장의 경우 찬성이 49.5%, 반대가 19.3%였으며, 지회 이상 활동가의 경우는 찬성이 65.1%, 반대가 17.9%로 찬성 의견이 상당히 많았다(『교사의 사회의식과 전교조』, 173쪽). 이처럼 활동가 다수가 지속적으로 찬성하고 있으므로 조합원들을 설득하여 위원장 임기를 3년으로 연장하는 방안을 적극적으로 추진할 필요가 있다.

〈표 6-17〉 위원장·지부장 임기를 3년으로 연장

(단위: %)

		찬성	반대	잘 모름	전체(유효 사례 수)
활동 단위	분회장/ 지회 집행부	57.5	26.6	15.9	100.0(207)
	지회장/ 지부, 본부 간부	54.0	32.0	14.0	100.0(150)
연령**	20대	47.1	17.6	35.3	100.0(17)
	30대	45.0	30.0	25.0	100.0(100)
	40대	59.0	30.3	10.7	100.0(178)
	50대 이상	72.1	21.3	6.6	100.0(61)
가입 시기**	합법화(1999년) 이전	60.7	31.6	7.7	100.0(117)
	1999~ 2002년	59.5	29.8	10.7	100.0(131)
	2003~ 2007년	48.5	26.5	25.0	100.0(68)
	2008~ 2012년	50.0	22.5	27.5	100.0(40)
	2013년~	25.0		75.0	100.0(4)
전체		56.0	28.9	15.1	100.0(357)

** p<0.05

3) 퇴직 교사 조합원 자격 부여

전체적으로 찬성이 78.9%, 반대 9.6%로 찬성이 압도적으로 많았으며 활동 단위별로 유의미한 차이가 없었다(〈표 6-18〉).

퇴직 교사 조합원 자격을 부여하는 기술적 문제를 해결하면 무난할 것으로 보인다.

<표 6-18> 퇴직 교사 조합원 자격 부여

(단위: %)

		찬성	반대	잘모름	전체(유효 사례 수)
활동 단위	분회장/지회 집행부	75.7	11.2	13.1	100.0(206)
	지회장/지부, 본부 간부	83.3	7.3	9.3	100.0(150)
연령**	20대	64.7		35.3	100.0(17)
	30대	75.8	8.1	16.2	100.0(99)
	40대	83.1	8.4	8.4	100.0(178)
	50대 이상	78.7	14.8	6.6	100.0(61)
가입 시기**	합법화(1999년) 이전	79.5	12.0	8.5	100.0(117)
	1999~2002년	80.8	10.8	8.5	100.0(130)
	2003~2007년	82.4	5.9	11.8	100.0(68)
	2008~2012년	72.5	5.0	22.5	100.0(40)
	2013년~	25.0		75.0	100.0(4)
전체		78.9	9.6	11.5	100.0(356)

** p〈0.05

8. 소결

전교조 활동가로서 느끼는 자긍심은 사회적 인정이나 동료들의 인정에서 대체로 긍정적으로 나타났으며, 개인적인 성장에 도움이 되는 것으로 느끼는 반면 후회스럽다는 경우는 드물었다. 2005년 조사보다는 활동가의 자긍심이 다소 줄어들기는 했지만 그 차이는 크지 않다.

활동가로서 느끼는 애로 사항으로 가장 큰 것은 새로운 활동가의 충원 문제이며 다음으로 활동 시간 부족 문제를 들고 있다. 활동가 충원 문제는 신규 조합원 충원을 통한 세대교체 문제와 직결되어 있는 문제이기도 하다. 하지만 모든 조합원이 활동가로 활동할 수 있다는 조직문화를 만드는 것도 한 방법이 될 것이다. 활동 시간 부족 문제는 활동가들이 잘 조직된 분업구조를 활용하고 새로운 통신 방법을 도입하여 완화하는 대책을 강구할 필요가 있어 보인다.

전교조 발전을 위한 조직 체계 개편 방향에 관해서는 위원장의 3년 임기제와 퇴직 교사에게 조합원 자격을 부여하는 것은 활동가 다수가 찬성하고 있는 만큼 조합원들의 여론을 읽어 개편에 착수하는 것이 바람직하다고 생각된다.

부록

조사 설문지

교육 및 정치·사회에 대한 교사의식 조사

안녕하세요? 이 조사는 변화된 환경에서 바람직한 교육정책과 전교조의 활동 방향을 수립하는 데 필요한 기초 자료를 수집하기 위해 경상대 사회과학연구원과 전교조가 공동으로 10년 만에 하는 조사입니다.

바쁘시더라도 잠깐만 시간을 내어 각 문항에 솔직하게 빠짐없이 답변해 주시면 대단히 감사하겠습니다.

2014년 10월

경상대 사회과학연구원, 전교조 참교육연구소

전화 02-2670-9352

설문지 작성 방법

이 설문조사의 결과는 연구와 정책 수립을 위한 기초 자료로만 쓸 것이며 다른 목적으로 활용하지 않습니다. 그리고 이 조사는 통계법 제8조와 제9조에 의하여 비밀이 절대적으로 보장된다는 점을 약속드립니다.

설문지 문항에 ✔표를 하시면 됩니다.

다음은 통계 처리를 위한 필요한 사항입니다.

D1. 선생님의 재직 학교는?

① 유치원　　② 초등학교　　③ 중학교　　④ 고등학교

D2. 설립별

① 국공립　　　　　　② 사립

D3. 학교 소재는?

① 서울　② 부산　③ 대구　④ 인천　⑤ 광주　⑥ 대전

⑦ 울산　⑧ 경기　⑨ 강원　⑩ 충북　⑪ 세종·충남

⑫ 전북　⑬ 전남　⑭ 경북　⑮ 경남　⑯ 제주

D4. 선생님의 교직 경력은?

(　　　　　) 년

D5. 선생님의 나이는?

만 (　　　　　) 세

D6. 선생님의 성별은?

① 남　　　　　　② 여

1. 교육, 정치, 사회에 대한 의견

1. 선생님께서는 지난 1년여간 박근혜 정부의 교육정책 전반에 대해 어떻게 평가하십니까?

   ① 매우 잘한다　　　② 잘한다　　　　　③ 그저 그렇다

   ④ 잘못한다　　　　⑤ 매우 잘못한다

2. 정부가 추진하고 있는 다음과 같은 교육정책에 대해 선생님께서는 어떻게 생각하십니까?

교육정책	찬성	잘 모름	반대
1) 자유학기제 추진			
2) 시간제 교사 추진			
3) 고교 문·이과 통합			
4) 한국사 교과서 등 국정교과서 전환			
5) 유아, 초등 수업 시간 확대			
6) 자립형·자율형 사립고 유지 및 확대			
7) 외국인 교육기관 확대 및 영리 활동 허용			
8) 교원 평가·교원 성과급 확대			
9) 공무원연금 개편			

3. 선생님께서는 대학평준화(국립대 통합 네트워크 구축 방안)에 대해 어떻게 생각하십니까?

① 이상론에 치우친 황당한 주장이라고 생각한다

② 단계론적으로 접근하면 언젠가는 가능한 방안이라고 생각한다

③ 입시 지옥에서 벗어날 수 있는 현실적인 방안이라고 생각한다

④ 잘 모르겠다

4. 선생님의 정치적 성향은 다음 중 어디에 속한다고 생각하십니까?

① 아주 보수적이다   ② 어느 정도 보수적이다

③ 중도적이다   ④ 어느 정도 진보적이다

⑤ 아주 진보적이다

5. 선생님께서 2014년 6·4 지방선거 비례대표는 어느 정당에 투표하셨습니까?

① 투표하지 않음   ② 새누리당   ③ 새정치민주연합

④ 통합진보당   ⑤ 정의당   ⑥ 노동당

⑦ 녹색당   ⑧ 기타 정당

6. 선생님께서 현재 지지하는 정당은 어느 당입니까?

① 새누리당   ② 새정치민주연합   ③ 통합진보당

④ 정의당   ⑤ 노동당   ⑥ 녹색당

⑦ 기타 정당   ⑧ 지지 정당 없다

7. 선생님께서는 현재 교직 생활과 관련하여 다음 각 사항에 대해 어떻게 생각하십니까?

문항	매우 그렇다	그런 편이다	보통 이다	그렇지 않은 편이다	전혀 그렇지 않다
1) 현재의 임금 수준에 대해 만족한다					
2) 현재의 직장에서 안정감을 느낀다					
3) 현재의 사회적 지위에 만족한다					
4) 학교가 민주적으로 운영되고 있다					
5) 학교의 학생 교육 활동에 만족한다					

8. 현재 민주노총이 노동 현안에 대해서 적절하게 대응하고 있다고 생각하십니까?

① 매우 잘하고 있다   ② 잘하고 있다   ③ 보통이다

④ 못하고 있다   ⑤ 매우 못하고 있다

9. 선생님께서는 다음 사항에 대하여 어떻게 생각하십니까?

문항	찬성	잘 모름	반대
1) 경제 활성화를 위해 규제 완화와 민영화는 필요하다			
2) 경제 성장을 위해서 비정규직은 불가피하다			
3) 안정적인 에너지 공급을 위해 원자력은 필요하다			
4) 국가보안법은 폐지되어야 한다			
5) 북한의 정책에 관계없이 대북 지원과 투자는 계속되어야 한다			
6) 게임 중독을 막기 위해 게임 규제는 필요하다			
7) 동성 결혼을 합법화해야 한다			
8) 세월호 참사 진상 규명을 위한 기소권, 수사권이 보장된 특별법이 제정되어야 한다			
9) 교원·공무원의 정치 기본권은 보장되어야 한다			

10. 학교 비정규직 교직원들이 학교운영위에 위원으로 참석하는 것에 대해 어떻게 생각하십니까?

① 매우 필요하다   ② 필요하다   ③ 보통이다

④ 필요하지 않다   ⑤ 전혀 필요하지 않다

11. 선생님은 다음에 대해 어떻게 생각하십니까?

항목	매우 그렇다	대체로 그렇다	별로 그렇지 않다	전혀 그렇지 않다
1) 혁신학교는 새로운 학교 모델을 만 들어가고 있다	①	②	③	④
2) 혁신학교의 성과가 일반 학교로 확 산되고 있다	①	②	③	④
3) 13개 지역 진보 교육감의 정책은 교육 현장을 변화시키는 데 유의미 한 역할을 할 것이다	①	②	③	④

2. 전교조에 대한 의견

12. 교원노동조합의 필요성에 대해서 어떻게 생각하십니까?

    ① 교사도 노동자로서 당연히 노동조합이 필요하다.

    ② 교사는 전문직이므로 전문직 단체로 활동해야 한다

    ③ 잘 모르겠다

13. 현재 전교조의 활동에 대해서 어떻게 생각하십니까?

    ① 매우 잘하고 있다   ② 잘하고 있다   ③ 보통이다

    ④ 못하고 있다   ⑤ 매우 못하고 있다.

14. 전교조 활동에 대한 정보를 어느 정도 얻습니까?

	매우 그렇다	대체로 그렇다	별로 그렇지 않다	전혀 그렇지 않다
1) 주변에 전교조 조합원을 통해 듣는다	①	②	③	④
2) 전교조 발행 《교육희망》 신문을 본다	①	②	③	④
3) 대중매체(TV, 신문, 라디오)를 통해 접한다	①	②	③	④
4) SNS를 통해 접한다	①	②	③	④
5) 전교조 홈페이지를 통해 접한다	①	②	③	④

15. 선생님께서는 전교조의 사회적 위상이 어떻다고 생각하십니까?

① 대단히 높다　　② 높다　　③ 보통이다

④ 낮다　　⑤ 대단히 낮다

16. 선생님께서는 전교조 조합원 선생님에 대해서 어떻게 생각하십니까?

	매우 그렇다	대체로 그렇다	별로 그렇지 않다	전혀 그렇지 않다
1) 사회 개혁과 교육 개혁에 대한 열 망이 높다	①	②	③	④
2) 동료 교사와 협력과 소통을 잘한다	①	②	③	④
3) 학생들에 대한 애정이 깊고 생활 교육을 잘한다	①	②	③	④
4) 수업 전문성이 있다	①	②	③	④

17. 최근 2년 동안 선생님께서는 전교조가 주관한 활동에 참여하신 적이 있습니까?

교육정책	있다	없다
1) 집회		
2) 서명 운동		
3) 연수(원격 연수, 직무 연수, 자율 연수)		
4) 교과, 주제, 지회 소모임		
5) 북콘서트나 영화제와 같은 문화행사		

18. 선생님 학교에서 전교조 분회는 학교의 교육환경을 바꾸는 데 얼마나 기여하고 있다고 생각하십니까?

① 많이 바꾸고 있다

② 약간은 바꾸고 있다

③ 그저 그렇다

④ 별로 바꾸지 못하고 있다

⑤ 거의 바꾸지 못하고 있다

19. 다음은 진보 교육감의 공통 공약입니다. 아래의 공약 중에 가장 중점을 두어야 한다고 생각하는 항목을 2개 선택해주세요.

① 입시 고통 해소와 공교육 정상화

② 학생 안전과 건강권 보장

③ 교육 비리 척결

④ 교육 복지 강화

⑤ 혁신학교 성과 확대와 학교 혁신 보편화

⑥ 친일 독재 교육 반대, 민주 시민 교육 활성화

⑦ 학교 민주주의와 학교 자치 확대

20. 세월호 참사와 관련하여 선생님은 다음에 대하여 어떠하셨나요?

	매우 그렇다	대체로 그렇다	별로 그렇지 않다	전혀 그렇지 않다
1) 커다란 슬픔과 충격을 느꼈다	①	②	③	④
2) 수학여행 등 현장 체험 활동에 부담감이 늘었다	①	②	③	④
3) 학생들의 현재 삶에 행복이 중요하다는 생각이 들었다	①	②	③	④
4) 학생들을 수동적인 사람으로 만드는 현 교육의 문제를 깨닫게 되었다	①	②	③	④

21. 세월호 참사 이후 다음 과제에 대하여 어떻게 생각하십니까?

	매우 그렇다	대체로 그렇다	별로 그렇지 않다	전혀 그렇지 않다
1) 교육 내용(교과서)에 세월호 참사를 담는다	①	②	③	④
2) 4월 16일을 기념일로 지정하여 수업이나 행사를 한다	①	②	③	④
3) 교육 철학에 대한 근본적인 검토가 필요하다	①	②	③	④
4) 기타 ( )				

3. 전교조 조직과 활동에 대한 조합원 의견

22. 선생님께서 전교조에 가입한 시기는 언제입니까?

    ① 전교조 결성~합법화 이전(1999년)

    ② 합법화 이후(1999년 7월)~2002년

    ③ 2003년~2007년

    ④ 2008년~2012년

    ⑤ 2013년~

23. 선생님께서 가입한 계기는 무엇입니까? (해당되는 사항 모두 표시)

    ① 선배, 동료 교사의 권유로

    ② 부당한 일을 당해서

    ③ 평소 소신으로

    ④ 가입 홍보물을 보고

    ⑤ 전교조 탄압 국면에 힘을 보태기 위해

    ⑥ 전교조 행사에 참여하고 나서

    ⑦ 기타 (   )

24. 선생님께서는 전교조 활동에 어느 정도 참여하고 있습니까?

문항	거의 참여한다	자주 참여하는 편이다	가끔 참여한다	거의 참여하지 않는다	전혀 참여하지 않는다
1) 분회 활동과 모임					
2) 지회 행사와 활동					
3) 지부, 전국 행사 및 집회					
4) 참실 소모임(교과, 주제)					
5) 지부, 전국 참실 연수와 행사					
6) 교사 서명이나 선언					

25. 선생님께서는 다음 사항에 대하여 전교조로부터 얼마나 도움받기를 원하십니까?

문항	매우 그렇다	대체로 그렇다	별로 그렇지 않다	전혀 그렇지 않다
1) 교육 활동에 필요한 자료				
2) 교육 활동을 위한 연수				
3) 학교 혁신 - 혁신학교 활동 지원				
4) 동료 교사 멘토링				
5) 교권 상담 및 연수				
6) 기타 (				)

26. 선생님께서는 전교조 신문 ≪교육희망≫을 얼마나 자주 보십니까?

　① 거의 모든 기사를 본다

　② 중요한 기사만 본다

　③ 제목 정도만 보고 특정한 기사만 가끔 본다

　④ 제목 정도만 본다

　⑤ 거의 보지 않는다

27. 선생님 학교에서는 전교조 분회 활동 상황이 어떠합니까?

　① 분회 모임이 없고 분회가 구성되어 있지 않다

　② 분회 모임은 있으나 분회장이 없다

　③ 분회장은 있지만 분회 모임은 없다

　④ 분회장이 있고 분회 모임도 있다

　⑤ 분회장과 집행부가 구성되어 활동하고 있다

28. 2~3년 전과 비교하여 선생님이 소속된 지회의 활동력이 어떻습니까?

　① 전보다 활발해졌다

　② 예년과 비슷하다

　③ 전보다 침체되었다

29. 선생님께서는 기회가 주어진다면 전교조의 분회장을 맡을 의향이 있습니까?

① 기회가 되면 맡겠다

② 사정이 불가피하면 맡을 의향이 있다

③ 별로 맡고 싶은 생각이 없다

④ 맡을 생각이 없다

30. 선생님께서는 기회가 주어진다면 전교조의 지회 집행부나 대의원을 맡을 의향이 있습니까?

① 기회가 되면 맡겠다

② 사정이 불가피하면 맡을 의향이 있다

③ 별로 맡고 싶은 생각이 없다

④ 맡을 생각이 없다

31. 선생님께서는 소모임을 하고 계십니까?

① 오래전부터 하고 있다

② 최근에 시작했다

③ 소모임 활동이 없다

1) 소모임을 하고 있다면 어떤 내용으로 하고 계십니까? (해당하는 것 모두 표시)

① 교과   ② 주제(도서관, 환경 등)   ③ 학생 생활 교육

④ 혁신학교 모임   ⑤ 문예(노래, 연극 등)   ⑥ 2030

⑦ 연구 모임   ⑧ 독서 모임

⑨ 기타 (   )

2) 소모임은 어느 단위입니까? (해당하는 것 모두 표시)

① 분회 소모임   ② 지회 소모임   ③ 지부 소모임

④ 전국 단위 모임   ⑤ 기타 (   )

32. 선생님께서는 기회가 되신다면 어떤 분야의 소모임에 참여하시겠습니까?

① 교과   ② 주제(도서관, 환경 등)   ③ 학생 생활 교육

④ 혁신학교 모임   ⑤ 문예(노래, 연극 등)   ⑥ 2030

⑦ 연구 모임   ⑧ 독서 모임

⑨ 소모임에 참여하기 어렵다

⑩ 기타 (   )

33. 선생님께서는 작년 6월에 고용노동부의 시정 명령 수용 여부를 묻는 총투표에 참가하셨습니까? 하셨다면 어떻게 의사를 표명하셨습니까?

① 참가하지 않았다

② 시정 명령 수용에 찬성했다

③ 시정 명령 수용에 반대했다

34. 작년 10월, 고용노동부의 시정 명령 수용 여부를 묻는 총투표 결과 70%가 거부했습니다. 이 결과를 예측하셨습니까?

① 예측보다 거부 의사 비율이 높았다

② 예측대로 결과가 나왔다

③ 예측보다 거부 의사 비율이 낮았다

35. 다음에 대해 어떻게 생각하십니까?

	매우 그렇다	대체로 그렇다	별로 그렇지 않다	전혀 그렇지 않다
1) 혁신학교 운동은 전교조 위상 강화에 도움이 된다	①	②	③	④
2) 혁신학교 운동은 전교조 조직 활성화에 기여한다	①	②	③	④

36. 해직 교사의 조합원 자격을 인정하는 교원노조법의 개정 시기를 어떻게 전망하고 계십니까?

① 2016년 총선 전후   ② 2017년 대선 전후

③ 향후 10년간 어렵다   ④ 모르겠다

37. 전교조 조직의 혁신을 위해 필요한 것들을 적어주세요.

4. 전교조 활동과 조직 실태에 대한 의견(온라인 조사)

38. 전교조 대의원이나 집행부를 맡게 된 계기는 무엇인가요?

① 선후배 활동가의 권유 　　② 평소에 소신이 있어서

③ 조직에 대한 애정과 책임감 　　④ 주변 조합원들의 추대

⑤ 할 사람이 없어서

39. 전교조에서 직책을 맡은 후 어떻게 느끼십니까?

	매우 그렇다	대체로 그렇다	별로 그렇지 않다	전혀 그렇지 않다
1) 사회적으로 인정받는다고 느낀다	①	②	③	④
2) 동료들에게 인정받는다고 느낀다	①	②	③	④
3) 괜히 맡았다고 생각한다	①	②	③	④
4) 개인적 성장에 도움이 된다	①	②	③	④

40. 조직 활동을 하는 데서 선생님이 어렵다고 느끼는 점은 무엇입니까?

	매우 그렇다	대체로 그렇다	별로 그렇지 않다	전혀 그렇지 않다
1) 새로운 활동가가 충원되지 않는다	①	②	③	④
2) 활동할 시간이 없다	①	②	③	④
3) 조합원의 취향과 요구가 다양하다	①	②	③	④
4) 전교조 운동의 전망이 불투명하다	①	②	③	④
5) 사업이 많아서 부담감이 크다	①	②	③	④
6) 의사소통이 어렵다	①	②	③	④
7) 전교조 활동에 대한 정보와 매뉴얼이 부족하다	①	②	③	④

41. 지회 활성화를 위해 가장 우선적으로 추진해야 할 사업은 무엇이라고 생각하십니까?

① 집행부 역량 강화   ② 지회 집행 간부 활동 시간 확보

③ 지회 예산의 증액   ④ 지회 사업 및 활동 공유

⑤ 기타 (   )

42. 법외노조 결정 이후 지회 활동에 변화가 있습니까?

① 약화되었다   ② 강화되었다   ③ 변화 없다

43. 향후 5년간 전교조가 집중해야 할 사업 영역은 무엇이라고 생각하십니까? (2가지 선택)

① 교육 여건 개선 사업　　　　② 교원노조법 개정

③ 특권 경쟁 교육 폐기 사업　　④ 교육과정 개정 사업

⑤ 혁신학교 운동

⑥ 기타 (　　　　　　　　　　　　　　　　)

44. 전교조 조직 발전을 위한 다음 몇 가지 조직 체계 개편 방향에 대해서 어떻게 생각하십니까?

문항	찬성	잘 모름	반대
1) 선출직 사무총장제 도입			
2) 위원장·지부장 임기를 3년으로 연장			
3) 퇴직 교사 조합원 자격 부여			

설문에 응해주셔서 감사합니다.

지은이

정진상

서울대학교 사회학과와 동 대학원 졸업(문학 박사)

현재 경상대학교 사회학과 교수

주요 저서 : 『국립대 통합네트워크: 입시지옥과 학벌사회를 넘어』, 『교사의 사
회의식과 전교조』, 『교육부의 대국민사기극』(공저), 『대학서열체제연구: 진
단과 대안』(공저), 『제국주의와 한국사회』(공저), 『한국의 사회운동』(공저),
『한국전쟁과 한국자본주의』(공저) 외 다수

주요 역서 : 『쿠바혁명사』(아비바 촘스키 저), 『쿠바식으로 산다』(헨리 루이스
테일러 저), 『피노체트 넘어서기』(리카르도 라고스 저), 『마르크스의 사상』
(알렉스 캘리니코스 저, 공역), 『반자본주의 선언』(알렉스 캘리니코스 저, 공
역) 외 다수

이메일 jinjean@gnu.ac.kr

경상대학교 사회과학연구원

경상대학교 사회과학연구원은 사회과학 전 분야의 유기적 연계와 협동을 통
해 노동문제를 비롯한 주요 사회문제와 국내외 문제를 연구하고 있으며, 매년
수행한 공동연구와 학술대회 및 워크숍의 연구성과를 '사회과학연구총서'(도
서출판 한울 간행 단행본 시리즈)로 간행하고 있다. 경상대학교 사회과학연
구원은 2001년도에 한국학술진흥재단 중점연구소로 지정되어 전임연구교
수를 중심으로 공동연구를 수행하고 있으며, 전문학술지 ≪사회과학연구≫
와 ≪마르크스주의 연구≫(도서출판 한울)를 정기적으로 발간하고 있다.

인터넷 홈페이지 http://iss.gnu.ac.kr

이메일 iss@gnu.ac.kr

한울아카데미 1794
경상대학교 사회과학연구원 사회과학연구총서 43

교사의 사회의식 변화: 2005~2014

ⓒ 정진상, 2015

지은이 ㅣ 정진상
펴낸이 ㅣ 김종수
펴낸곳 ㅣ 도서출판 한울

편집책임 ㅣ 이수동
편집 ㅣ 조수임

초판 1쇄 인쇄 ㅣ 2015년 5월 15일
초판 1쇄 발행 ㅣ 2015년 5월 30일

주소 ㅣ 413-120 경기도 파주시 광인사길 153 한울시소빌딩 3층
전화 ㅣ 031-955-0655
팩스 ㅣ 031-955-0656
홈페이지 ㅣ www.hanulbooks.co.kr
등록번호 ㅣ 제406-2003-000051호

Printed in Korea.
ISBN 978-89-460-5794-4 93330 (양장)
       978-89-460-6009-8 93330 (반양장)

* 책값은 겉표지에 표시되어 있습니다.
* 이 도서는 강의를 위한 학생판 교재를 따로 준비했습니다.
  강의 교재로 사용하실 때에는 본사로 연락해주십시오.

이 책은 경상대학교 사회과학연구원이 수행한 한국연구재단 중점연구소 지원과제 '세계화와 축적체제 및 계급구조의 변화'(NRF-2010-413-B00027)의 3차년도 연구 성과물 중의 하나이다.

사회과학연구총서 시리즈

전자우편 hanul@hanulbooks.co.kr(대표)
plan@hanulbooks.co.kr(기획)
edit@hanulbooks.co.kr(편집)
marketing@hanulbooks.co.kr(마케팅)
design@hanulbooks.co.kr(디자인)

Changes of the Consciousness of Korean Teachers : 2005~2014

www.hanulbooks.co.kr

ISBN 978-89-460-6009-8

값 **15,500** 원

We are all strangers:
15 years of women migrants'
human rights movement in Korea

우리 모두는
이방인이다

사례로 보는 이주여성인권운동 15년

한국염 지음

'우리 모두는 이방인이다'는 우리 모두 낯선 곳에서 힘들게 살아본 경험이 있는 사람들로서 우리와 함께 살고 있는 이주민과 이웃으로 더 불어 살자는, 다문화 사회로 향하는 빗장을 열자는 권유이다. 우리도 이주민처럼 낯선 세상에서 서로의 대해 각자 이방인일 수밖에 없다. 제목을 통해 우리가 쉽고 있는 낯섦과 다름을 인정하고 이방인을 협오하지 말자는, 이주민과 경계를 허물고 차별 없는 세상을 만들자는 다짐을 강조하고 싶다.

한울
아카데미

지은이

한국염

현재 (사)한국이주여성인권센터 상임 대표로 일한다. 한
국정신대문제대책협의회 공동 대표이기도 하다. 그녀는
빈민운동, 여성운동, 기독교개혁운동에 오랫동안 몸담았
고, 2001년 한국이주여성인권센터를 설립하면서 지금까
지 이주여성운동에 헌신해왔다. 정부조차도 관심을 두
지 않았던 시기에 이주여성운동을 선구적으로 열고 지
금까지 법과 제도를 마련하는 데 기여해왔으며 이주여성
들의 인권 향상을 위해 다각적인 활동을 펼쳤다. 이 공로
를 인정받아 국가인권위원회 인권상, 삼성비추미여성대
상 해리상, 유관순상, 시민인권상 등을 받았다. 쓴 글로
는 이주에 관한 단편적인 글 50여 편이 있다.